DIE GOLDENEN FÜHRER

BARCELONA

VOLLSTÄNDIGER FÜHRER FÜR DEN BESUCH DER STADT

BAUDENKMÄLER ... UND
ZUKUNFT DIESER MET... OLE DES MITTELMEERES

BONECHI

Projekt und Verlagsidee: *Casa Editrice Bonechi*
Herausgeber: *Giovanna Magi*
Grafische Gestaltung, Layout und Umschlag: *Sonia Gottardo*
Texte: *Giovanna Magi, Patrizia Chirichigno* und *Patrizia Fabbri*
Übersetzung: *Andreas Hein*
Zeichnungen: *Stefano Benini*

Tel +39 055 576841 - Fax +39 055 5000766

E-mail: bonechi@bonechi.it – www.bonechi.com

Gedruckt in Italien von *Centro Stampa Editoriale Bonechi*, Sesto Fiorentino.

Die Fotografien dieser Veröffentlichung stammen aus dem Archiv der *Casa Editrice Bonechi* und wurden aufgenommen von *Marco Bonechi, Serena de Leonardis, Andrea Fantauzzo, Paolo Giambone, Andrea Pistolesi* und *Alessandro Saragosa*.

Weitere fotografische Beiträge von:
Museo Barbier-Mueller/Art Precolombí: S. 28-29. *Andrea Ghisotti*: S. 60 unten. *Sonia Gottardo*: S. 82 oben, 84 unten. *Andrea Pistolesi*: S. 10-11, 34 oben, 35 unten, 36 oben rechts, 37, 38 unten, 140. *Pepo Segura - Fundació Mies van der Rohe/Barcelona*: S. 126, 127 oben und unten links.

Die Fotos auf S. 126 und 127 oben und unten links publizieren wir mit freundlicher Erlaubnis der *Fundació Mies van der Rohe/Barcelona*.

Den Plan der U-Bahn drucken wir mit freundlicher Erlaubnis der *Transports Metropolitans de Barcelona*.

Der Verleger entschuldigt sich für eventuelle Irrtümer und steht für berechtigte Ansprüche später identifizierter Bildrechte zur Verfügung.

ISBN 88-476-1292-6

* * *

EINLEITUNG

BARCELONA HEUTE

Nördlich des Flusses Llobregat gelegen, bietet die Hauptstadt Kataloniens ein Bild beeindruckender Schönheit, das noch bekrönt wird durch die Erhebungen des Montjuïc und des Tibidabo. Die Costa Brava, die Küste im Norden Barcelonas, ist schon für sich genommen eines der bekanntesten Ziele des internationalen Tourismus. Als zweite Stadt Spaniens, mit mehr als eineinhalb Millionen Einwohnern, als bemerkenswerter Umschlaghafen und bedeutendes Industriezentrum, bietet Barcelona das Erscheinungsbild einer wahren Metropole. Die charakteristische Stadtanlage, gleichzeitig alt und modern, bezaubert mit eindrucksvollen und malerischen Aspekten, sowohl mit der linearen Geometrie der Häuserblöcke des Zentrums zwischen breiten Alleen als mit der faszinierenden mediterranen Zufälligkeit des sogenannten *Barri Gòtic*, des antiken mittelalterlichen Stadtkerns. Die katalanische Hauptstadt ist eine grüne Stadt, voller Bäume, Parkanlagen und Gärten. Wer an Barcelona denkt und dabei nur die Corrida, den Flamenco und die Paella vor Augen hat, gewinnt ein verfälschtes Bild touristischer Stereotypen. In Wirklichkeit ist die Hauptstadt Kataloniens vor allem in kultureller Hinsicht bedeutend, - mit einer alten sprachlichen Tradition: das Katalanisch wird, im Gegensatz zum Kastilischen, immer mehr zur offiziellen Sprache, - mit überraschenden Elementen antiker, gotischer und moderner Kunst, einschließlich der bizarren und märchenhaften Aspekte des "Modernisme". Diese Stadt, eine Synthese architektonischer Stile - von der Gotik über die Renaissance bis hin zum Klassizismus - wurde das experimentelle Laboratorium Antoni Gaudís, der hier unvergängliche Beispiele seiner fantastischen Kunst hinterlassen hat. Starke kreative Impulse gewann hier auch Picasso, der in zwei verschiedenen Epochen in Barcelona weilte. Die Vitalität Barcelonas äußert sich nicht nur am Abend und in der Nacht als Lebensfreude, sondern auch durch den magischen Zauber der *Ramblas*, die ständig von Bewohnern Barcelonas und Touristen überfüllt und durch die Verkaufsstände charakterisiert sind, in denen Blumen, Vögel und verschiedenes Anderes verkauft werden, durch den malerischen Antiquitätenmarkt, durch den Reiz des Flohmarktes und der großen Kaufhäuser, sowie auch durch die schmackhafte katalanische Küche und die Folklore der Sardana – des regionalen Volkstanzes. All dies sind Eindrücke, die der Tourist nicht leicht vergessen wird, nachdem er die großartige Monumentalität, die Farben und Lichter dieser außergewöhnlichen Stadt bewundert hat. Nachdem hier 1992 die Olympischen Spiele stattgefunden haben, ist Barcelona heute ausreichend mit Unterkünften und Dienstleistungsbetrieben versehen. Die neu erbauten modernen Sportanlagen und die modernisierten Stadtstrukturen sind, zu Beginn des einundzwanzigsten Jahrhunderts, berechtigterweise, der Stolz Barcelonas.

DIE URSPRÜNGE
Barcelonas Handelsgeschichte begann mit den Phöniziern und den Griechen. Es existieren verschiedene Legenden über die Herkunft des Namens *Barcino,* mit dem die Stadt bezeichnet wurde. Eine dieser Legenden berichtet, dass sie von Herkules, auf einer seiner Reisen von Theben aus, mit den Überlebenden des neunten Schiffes einer dieser Expeditionen gegründet worden sei. Laut einer anderen Version gehen die Ursprünge der Stadt auf die Karthager zurück, die sie mit dem Namen *Barcino* zu Ehren des Vaters Hannibals, Hamilkar Barkas, tauften. Diese Legenden werden von den archäologischen Funden in der Stadt widerlegt, die die Existenz von Ureinwohnern zu Füßen des Montjuïc zu einem Zeitpunkt nachweisen, als die Römer sich dort niederließen.

DIE RÖMISCHE ZEIT
Gegen Ende des 1. Jahrhunderts v. Chr. wurde in der Nähe des Mons Taber die römische Kolonie *Iulia Augusta Faventia Paterna Barcino* gegründet; man umgab sie mit Mauern und legte sie in der Weise an, dass die Straßen vom Meer in Richtung der Berge verliefen und senkrecht dazu vom Fluss Besós bis zum Llobregat. Die römische Vorherrschaft dauerte sechs Jahrhunderte.

DIE VÖLKERWANDERUNG
Der Beginn der Völkerwanderung setzte mit dem Niedergang des Imperiums ein. Um die Stadt zu schützen, verstärkte man im 4. Jahrhundert die Stadtmauern, die das wachsende Barcelona umgaben. Sie wurde schließlich von Westgoten und Vandalen erobert und vom westgotischen Herrscher Athaulf zur provisorischen Hauptstadt erklärt. Dennoch verlor sie nicht an religiöser Bedeutung, was sich an der Tatsache ablesen lässt, dass sie 540 und 589 Sitz der Konzile war.

DIE ARABER UND IHRE NIEDERLAGE
Später wurde Spanien zu einem Schauplatz der Kontroversen zwischen christlicher und islamischer Kultur: Die Araber fielen 716 in Barcelona ein und besetzten die Stadt, bis sie 801 die Truppen Ludwigs des Frommen, Sohn Karls des Großen, zurückeroberten

und sie in die *Spanische Mark* des fränkischen Reichs umwandelten. Das Massiv von Garraf bildete die Grenze zwischen der arabischen und christlichen Welt. Guifred el Pilos, katalanischer Nationalheld, kämpfte an der Seite Karls des Kahlen gegen die Araber und zeigte einen derartigen Einsatz, dass der fränkische König Barcelona die Unabhängigkeit gewährte.

DAS MITTELALTER

Unter der Herrschaft der Grafen von Barcelona erlebte die Stadt ein Mittelalter voller Pracht und unvergleichlicher Entwicklung sowie intensivem Handelsverkehr mit Genua und Venedig. Nach der Vereinigung mit der Provence, vermählte sich Raimondo Berengario IV. (1131-1162) mit einer aragonischen Prinzessin und legte damit den Grundstein für eine lange und erfolgreiche Herrschaft auf der iberischen Halbinsel. So begann das goldene Zeitalter Barcelonas: Jakob der Eroberer vertrieb die Sarazenen von den Balearen (1235 von Mallorca und 1238 von Ibiza); die Herrschaft Barcelonas dehnte sich bis nach Sizilien, Korsika, und Sardinien aus und ihr Einfluss reichte sogar bis Griechenland. Barcelona war zu dieser Zeit der erste Hafen des Mittelmeeres und die bedeutendste Stadt Spaniens und bewahrte diese Bedeutung bis zur Entdeckung Amerikas. Damals (13. Jahrhundert) entstanden auch die Schiffswerften von Barcelona (*Drassanes* oder *Atarazanas*), unter Jakob I. begonnen. Das Zusammentreffen verschiedener poltischer und militärischer Ereignisse führte dazu, dass die Stadt ab dem 13. Jahrhundert in eine lange Periode der Krise und Unsicherheit geriet.

URBANISTISCHE ENTWICKLUNG

Dennoch geschah es gerade in dieser Zeit, zwischen dem 4. und 13. Jahrhundert, dass Barcelona seinen von den Römern gegründeten Stadtkern konsolidierte und eine Expansion ins Rollen brachte, die die Zukunft der Stadt bestimmen sollte. Im urbanistischen Sinn waren die Entwicklung der Vororte und der *viles noves* (neuen Städte), sowie auch die Verbesserungen der eigentlichen Stadtanlage bestimmend. Ende des 13. Jahrhunderts wurde eine neue Stadtmauer errichtet, die damals den Teil umschloss, der heute das antike Zentrum bildet. Ziel dieser Bauten war ein besserer Schutz der dichter bevölkerten *viles noves*, die in der Umgebung verstreut lagen und auch der neu entstandenen Vororte rings um das heutige Santa María del Mar. Das damalige Barcelona ist vor allem durch seine öffentlichen Gebäude wie die Kathedrale, den *Palau de la Generalitat*, den Hafen (*Port*), Santa Maria del Pi, den Königspalast (*Palau del Rei*), den Rat der Hundert (*Consell de Cent*) und die Börse (*La Llotja*) gekennzeichnet.

RENAISSANCE UND NEUZEIT

Mit den neuen Seewegen, die im Zuge der Entdeckung Amerikas entstanden waren, begann der Stern Barcelonas schnell zu sinken, der Schwerpunkt der Halbinsel verlagerte sich nach Madrid und die Städte des Südens. Es begannen schwere Zeiten, mehrfach rebellierte die Stadt gegen die Zentralregierung und die spanische Bourbonen-Dynastie.

DAS 18. JAHRHUNDERT

Zu Beginn des 18. Jahrhunderts, am 11. September 1714, ergab sich die vom Heer Philipps V. belagerte Stadt. Merkwürdig, der 11. September *"La diada"*, ist der Nationalfeiertag Kataloniens.
Die Aufstände gegen die Zentralregierung kosteteten die Stadt einen hohen Preis: Sie verlor Unabhängigkeit, Ständeversammlung (*Corts*), Regierung (*Generalitat*) und den Rat der Hundert (*Consell de Cent*), die katalanische Sprache wurde verboten. Im 18. Jh. wurden einige städtische Infrastrukturen mit Schlüsselfunktion zerstört. Im Osten der Stadt machte man mehr als tausend Gebäude dem Erdboden gleich, um Platz für den Bau einer militärischen Zitadelle zu schaffen, und es entstand ein neues Fischerviertel, das heutige Barceloneta. Die Wiedergeburt Barcelonas begann erst unter der Herrschaft Karls III., als der Hafen für den Handel mit Amerika geöffnet wurde und die Stadt sich endlich weiterentwickeln konnte. 1775 entstand nach einem Entwurf des Grafen Ricla die berühmteste Promenade der Stadt, *La Rambla*.

DAS 19. JAHRHUNDERT

Ab 1859 wurde die Ausdehnung Barcelonas bewusst in Richtung der Ebene gesteuert, und man riss endgültig die mittelalterlichen

Mauern nieder, die den Stadtkern umgaben. Dem Ingenieur Idelfonso Cerdá verdanken wir *El Eixample* (die Erweiterung), welche das städtische Zentrum mit den umliegenden Dörfern wie Grácia, Sants, Les Corts verband, die heute Stadtviertel sind. Es handelte sich um ein funktionelles Projekt, das dem industriellen Charakter der Stadt Rechnung trug und ein dichtes Straßennetz vorsah. Aufgrund einiger Bauspekulationen kam das Projekt leider nicht entwurfsgetreu zur Ausführung. Die Militärfestung *Ciutadella* wurde zur großen Freude der Barceloner zerstört, man richtete dort einen Park mit einem wissenschaftlichen Museum ein. Damit wurde auch die alte Festung Teil der Stadterweiterung. 1885 stellte der Bürgermeister Barcelonas Ruis y Taulet das Gebiet, das von der Zitadelle besetzt gewesen war, für die erste Weltausstellung Barcelonas zur Verfügung.

DAS 20. JAHRHUNDERT

Der zu Beginn des 20. Jahrhunderts entworfene *Pla Macía* war ein ehrgeiziger urbanistischer Erneuerungsplan, der leider wegen des Bürgerkrieges nicht verwirklicht werden konnte. Die Ankunft einer großen Menge von Einwanderern verursachte einen starken Zuwachs, Grund genug für den Niedergang und die Suburbanisation des glorreichen Barcelonas der Republik von 1931. Mit der Wiederaufnahme demokratischer Richtlinien gelang es Barcelona schließlich, Ende der siebziger Jahre durch eine Reihe städtebaulicher Maßnahmen, Freiräume für öffentliche Einrichtungen zu nützen, ganze Viertel und Gebäude zu sanieren und ein Netz von Schnellstraßen zu bauen, um so wieder eine territoriale Ausgewogenheit zu erreichen.
Mit der Kandidatur und der Ernennung Barcelonas zum Sitz der Olympischen Spiele von 1992, scheint die Stadt wieder ihr Ansehen und ihren bereits verloren geglaubten Stolz zurückgewonnen zu haben. Mit dem jüngsten Bebauungsplan wurden der vernachlässigte innerstädtische Raum aufgewertet und die Vororte urbanisiert. Das Projekt Barcelona '92 gab der Stadt neue Impulse und Ziele für die Neuordnung, die Nutzbarmachung und den Wiederaufbau des Stadtgefüges.

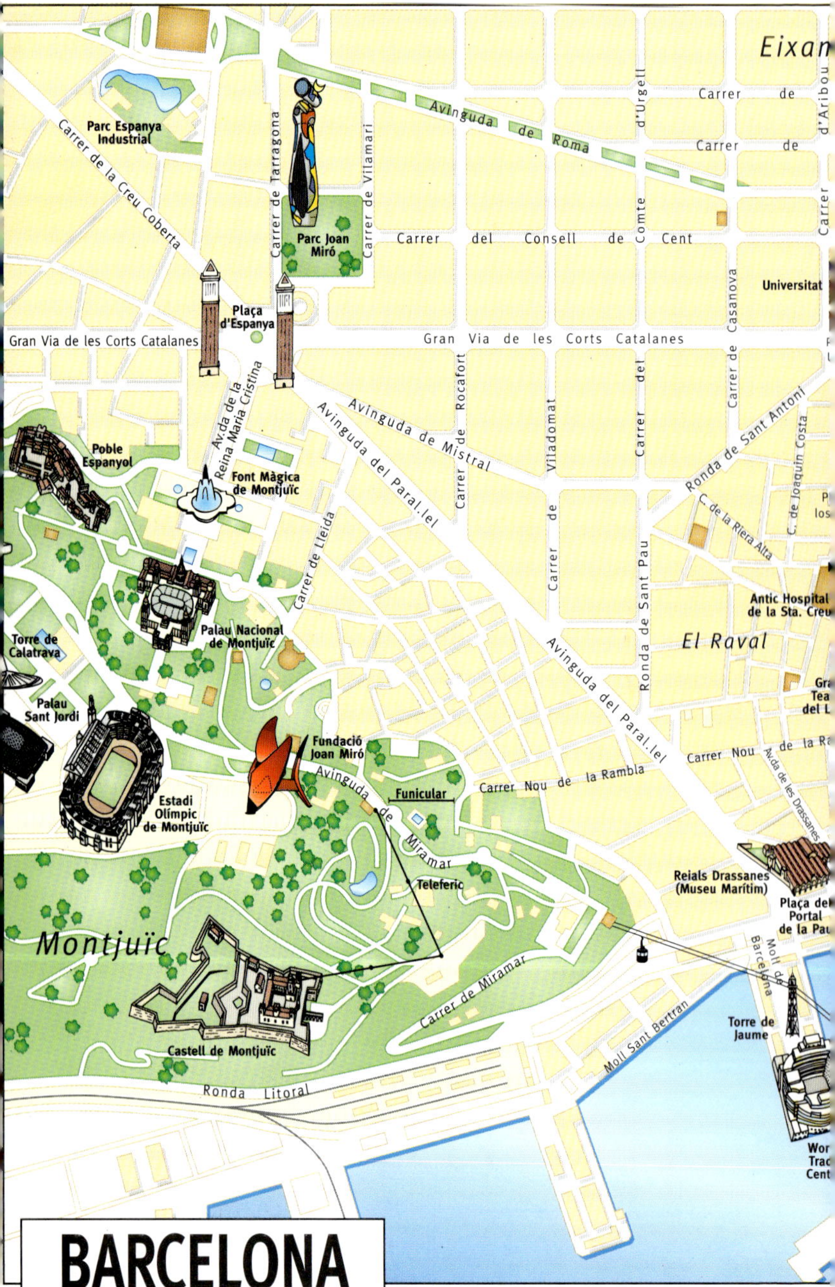
Eixan
Carrer de d'Aribau
Carrer de
Avinguda de Roma
Carrer de Tarragona
Carrer de Vilamari
Parc Espanya Industrial
Carrer de la Creu Coberta
Parc Joan Miró
Carrer del Consell de Cent
Comte d'Urgell
Universitat
Plaça d'Espanya
Gran Via de les Corts Catalanes
Carrer de Casanova
Av. da de la Reina Maria Cristina
Avinguda de Mistral
Avinguda del Paral.lel
Carrer de Rocafort
Carrer de Viladomat
Carrer del Comte
Ronda de Sant Antoni
C. de Joaquín Costa
C. de la Riera Alta
Poble Espanyol
Font Màgica de Montjuïc
Carrer de Lleida
Ronda de Sant Pau
Antic Hospital de la Sta. Creu
El Raval
Torre de Calatrava
Palau Nacional de Montjuïc
Palau Sant Jordi
Fundació Joan Miró
Avinguda de Miramar
Funicular
Carrer Nou de la Rambla
Estadi Olímpic de Montjuïc
Av. da de les Drassanes
Teleferic
Reials Drassanes (Museu Marítim)
Plaça del Portal de la Pau
Montjuïc
Moll de Barcelona
Carrer de Miramar
Castell de Montjuïc
Moll Sant Bertran
Torre de Jaume
Ronda Litoral

BARCELONA

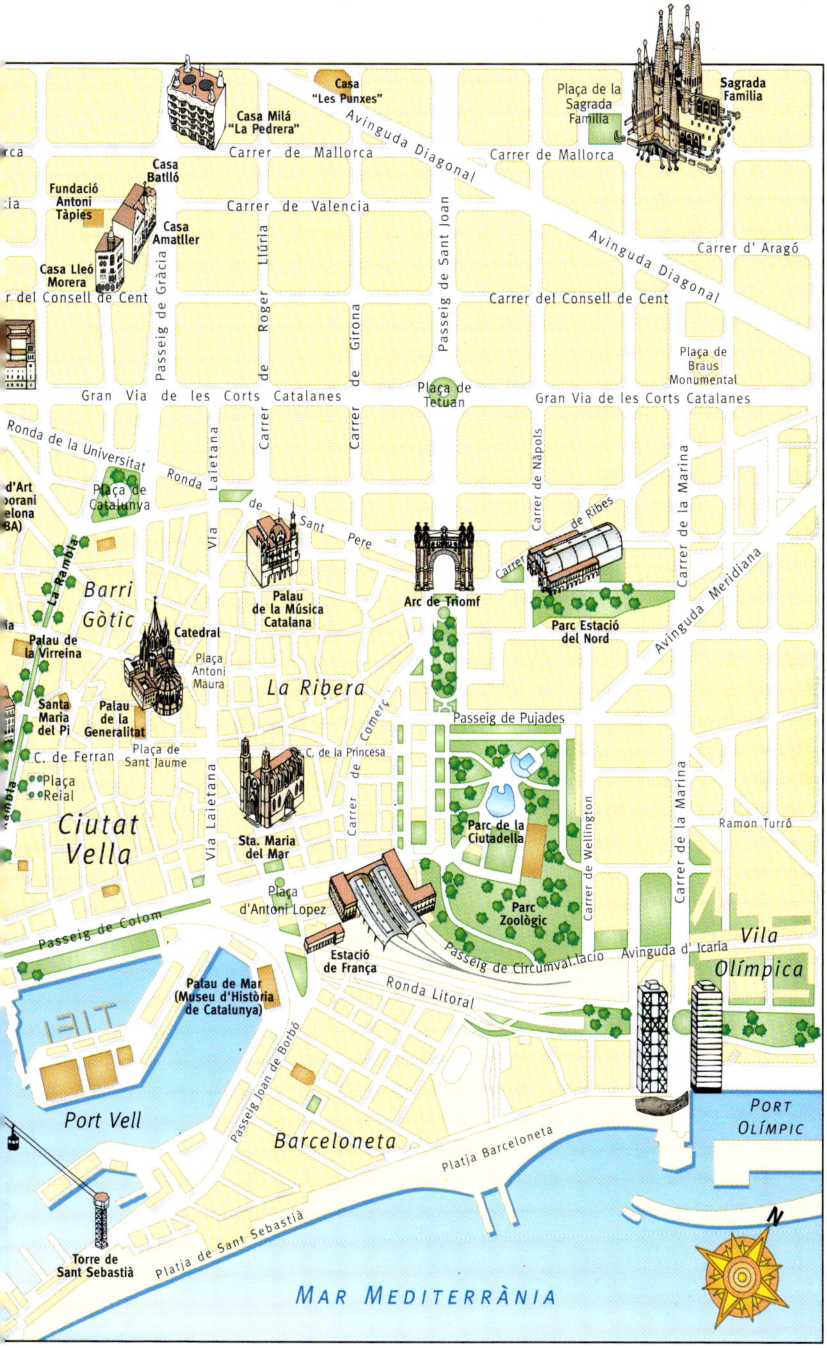
Casa "Les Punxes"
Casa Milá "La Pedrera"
Sagrada Familia
Plaça de la Sagrada Familia
Carrer de Mallorca
Avinguda Diagonal
Carrer de Mallorca
Casa Batlló
Fundació Antoni Tàpies
Carrer de Valencia
Casa Amatller
Casa Lleó Morera
Carrer d' Aragó
Avinguda Diagonal
Carrer del Consell de Cent
Carrer del Consell de Cent
Passeig de Gràcia
Carrer de Roger de Llúria
Carrer de Girona
Passeig de Sant Joan
Plaça de Braus Monumental
Gran Via de les Corts Catalanes
Plaça de Tetuan
Gran Via de les Corts Catalanes
Ronda de la Universitat
Ronda de Sant Pere
Via Laietana
Carrer de Nàpols
Carrer de Ribes
Carrer de la Marina
Plaça de Catalunya
La Rambla
Barri Gòtic
Palau de la Música Catalana
Arc de Triomf
Parc Estació del Nord
Avinguda Meridiana
Catedral
Palau de la Virreina
Plaça Antoni Maura
La Ribera
Santa Maria del Pi
Palau de la Generalitat
Passeig de Pujades
C. de Ferran
Plaça de Sant Jaume
C. de la Princesa
Carrer de Comerç
Plaça Reial
Ciutat Vella
Via Laietana
Sta. Maria del Mar
Parc de la Ciutadella
Carrer de Wellington
Carrer de la Marina
Ramon Turró
Plaça d'Antoni Lopez
Parc Zoològic
Passeig de Colom
Estació de França
Passeig de Circumval.lacio
Avinguda d' Icaria
Vila Olímpica
Palau de Mar (Museu d'Història de Catalunya)
Ronda Litoral
Passeig Joan de Borbó
Port Vell
Barceloneta
Port Olímpic
Platja Barceloneta
Torre de Sant Sebastià
Platja de Sant Sebastià
Mar Mediterrània
N

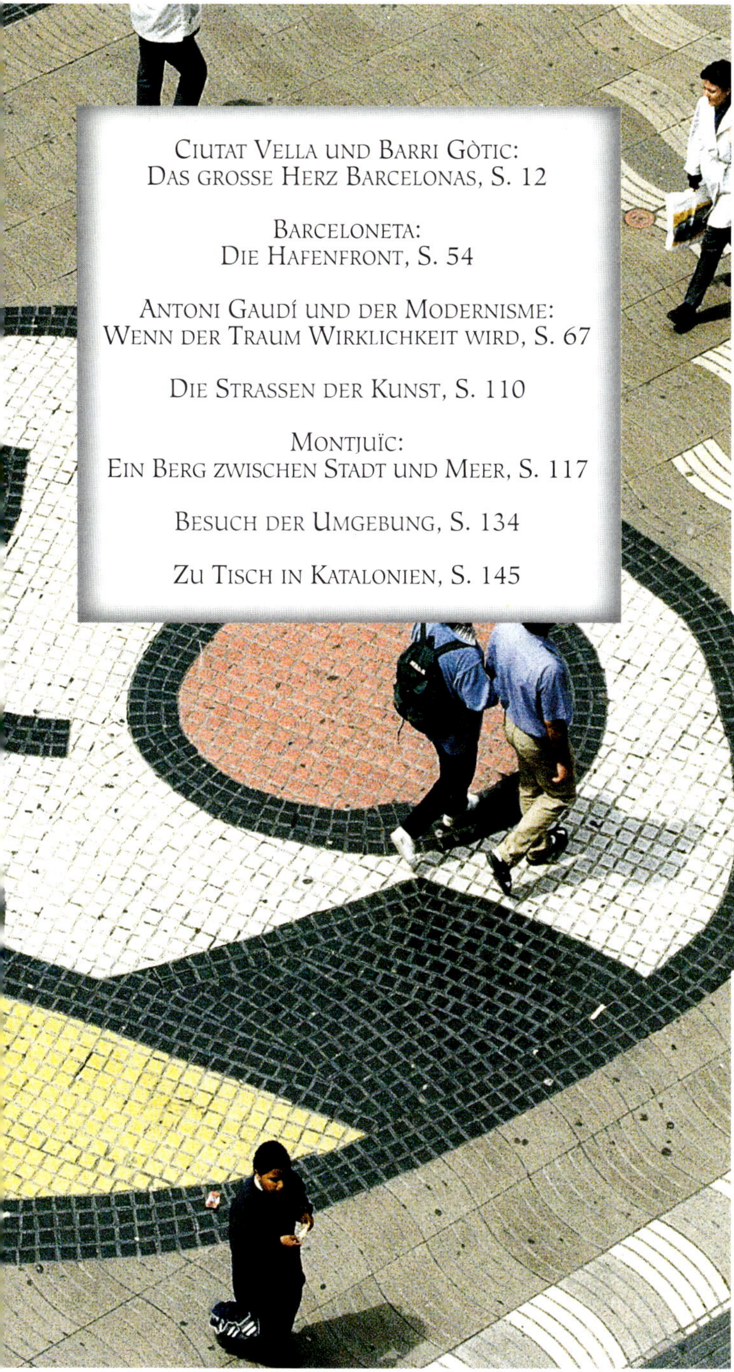

Barri Gòtic

Obgleich das *Barri Gòtic*, das auch "*Barri de la Seu*" (Kathedralenviertel) oder, auf etwas sonderbare Weise, "*Rovell de l'Ou*" (Eigelb) gennant wird und eigentlich nicht als Viertel im wahrsten Sinne des Wortes bezeichnet werden kann, umfasst es doch den Großteil von dem, was vom mittelalterlichen Barcelona erhalten geblieben ist und enthält einige der interessantesten Denkmäler der Stadt. Eingeschlossen zwischen der Kathedrale und dem Rathaus und teilweise vom Schutzwall der römischen Mauern umgeben, ist dies vielleicht der faszinierenste Teil der Stadt. Am Anfang des 20. Jahrhunderts begann man dieses Viertel als gotisch zu bezeichnen, als man feststellte, dass gerade hier - obgleich es sich nicht um die einzige gotische Zone der Stadt handelte - die Gesamtheit der übriggebliebenen Bauten die größte Harmonie aufwies und daher die höchste Aufmerksamkeit verdiente. Nicht umsonst kam es hier zu umfassenden Restaurierungskampagnen.

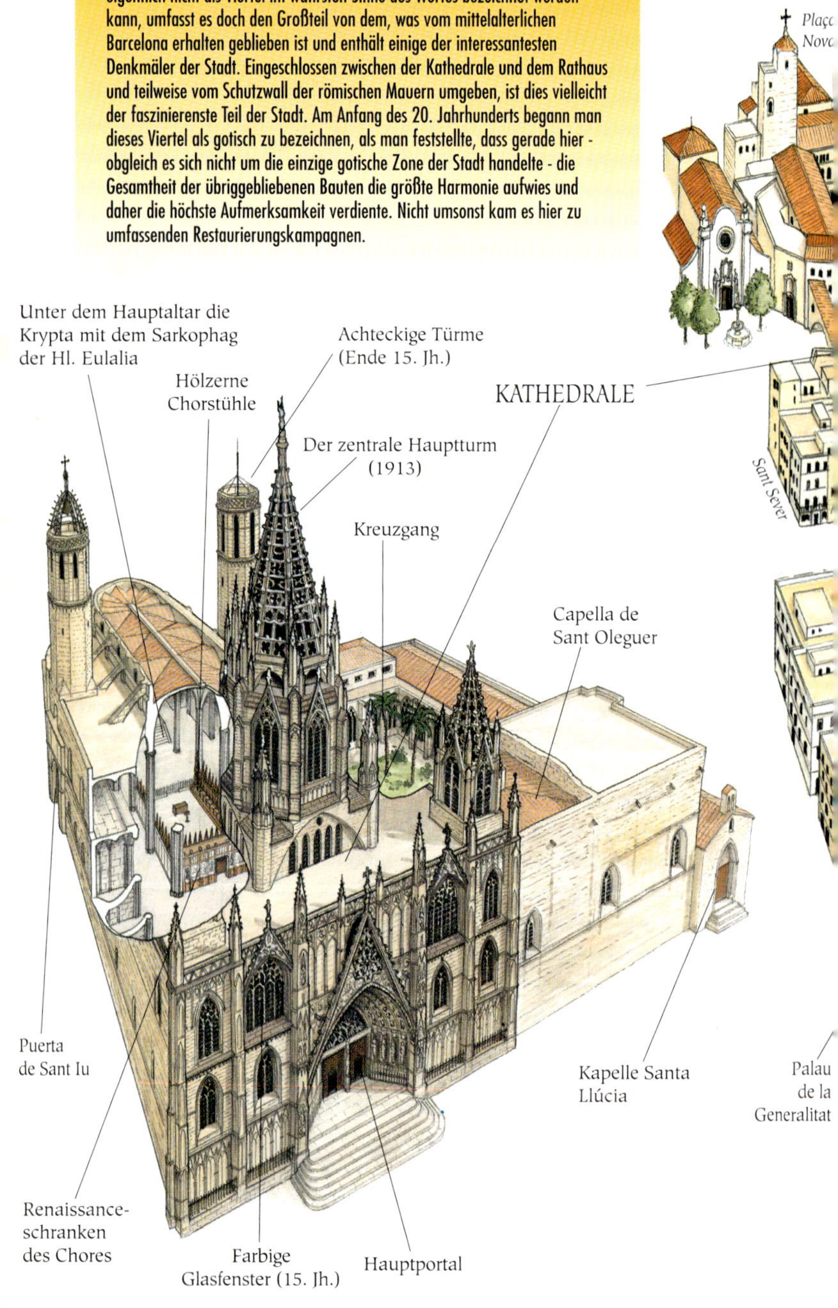

Casa
de l'Ardiaca
Museu
Frederic Marès
Palau
Reial Major
Römische
Stadt-
mauer
Saló
del Tinell
Reiterstandbild
Ramón Berenguer
Carrer
de la
Tapineria
Santa Llúcia
Carrer
Plaça de
Ramón
Berenguer III
Plaça
del Rei
dels Comtes
Carrer
de Barcelona
del Bisbe
Carrer de Jaume I
Carrer de la Ciutat
Museu
d'Història
de la Ciutat
Plaça
de Sant Jaume
Casa de la Ciutat
(Ajuntament)
Palau de
Lloctinent

BARRI GÒTIC - Das gotische Viertel beginnt an der *Plaça Nova,* dem ältesten Platz Barcelonas, im 13. Jahrhundert einer der Märkte, auf dem man auch Sklaven verkaufte. Hier befinden sich zwei römische Türme des alten Mauerrings, bis zum 13. Jahrhundert die einzige Verteidigung der Stadt. Aus dieser Zeit stammt der ***Palau Episcopal*** (Bischofspalast), rechts von den römischen Türmen, ein starker Kontrast zum modernen ***Col.legi d'Arquitectes*** (Architekturkollegium), das außen mit einem Graffitifries von Picasso geschmückt ist. Links von den römischen Türmen befindet sich die ***Casa de l'Ardiaca*** (heute Sitz des Historischen Stadtarchivs und des Geschichtlichen Instituts Barcelonas), das einst der Archidiakon Lluis Desplá bewohnt hatte. Das wohl sehr alte Gebäude (11. Jahrhundert) wurde allmählich umgebaut und die Verschmelzung des gotischen mit dem Renaissancestil ergab ein harmonisches Ganzes. Eine der drei Fassaden blickt auf die berühmte ***Carrer del Bisbe Irurita*** (Bischofsstraße). Sie führt längs der Kathedralenflanke bis zur *Plaça de Sant Jaume.* Die malerische Straße wird von einer Hängebrücke überragt, die den *Palau de la Generalitat* mit der Nebenfassade der ***Casa dels Canonges*** (Kanonikerhaus) verbindet. Die neugotische Brücke wurde 1926 von Juan Rubió gebaut. Die *Casa dels Canonges* entstand im 14. Jahrhundert und wurde erst vor kurzem restauriert, eine ihrer Fassaden liegt an der *Carrer Paradís.* Hier stehen einige zu besichtigende mittelalterliche Bauwerke, die außer dem *Centro Excursionista de Catalunya* auch die Überreste des dem Augustus gewidmeten **römischen Tempels** aus dem 2. Jahrhundert enthalten. Es handelt sich um vier kannelierte Säulen, die von einem Architrav überragt werden und auf einem Sockel ruhen. Der Tempel lag also auf dem höchsten Punkt des antiken *Barcino,* auf der Spitze des *Mons Taber.* Auf der rechten Seite der *Carrer del Bisbe Irurita* führt eine schmale Gasse zum kleinsten und verstecktesten Platz der Stadt, der ***Plaça Sant Felip Neri***, eine friedliche Ecke mit einem einfachen Brunnen in der Mitte. Beherrscht wird der Platz von der **Kirche des Sant Felipe Neri**, ein schlichtes Bauwerk aus dem 18. Jahrhundert. Auf dem Platz befindet sich auch das Gebäude, in dem das *Schuhwaren-Museum* (*Museu del Calçat Antic y el Gremi de Calderers*) untergebracht ist.

DIE KATHEDRALE DER HL. EULALIA

Im 4. Jahrhundert stand bereits eine Kirche auf dem höchsten Punkt der antiken römischen Kolonie, dem kleinen *Mons Taber*. Es muß sich um eine wichtige Kirche gehandelt haben, da dort zwei Jahrhunderte später, als sie bereits die Kathedrale von Barcelona war, das Konzil von 559 abgehalten wurde. Sie hielt den stürmischen Zeitläuften nicht stand und wurde 985 von Almanzor zerstört. Bald nach dem Jahr 1000 ließ der katalanische Graf Ramón Berenguer I. die Kathedrale im romanischen Stil wieder aufbauen, aber erst unter Jakob II., König von Aragon, begann man mit der Planung der großen Kirche, die sich heute an der *Avinguda de la Catedral*, im Herzen des *Barri Gòtic*, befindet.

Die Fassade der Kathedrale mit dem Hauptportal.

Innenansicht der Kathedrale und unten ein Detail des Chorgestühls mit seinen hoch aufragenden Fialen.

Der Bau wurde 1298 begonnen und erst 150 Jahre später, im Jahre 1488, in katalanischer Gotik vollendet. Eine Gedenktafel bei der *Puerta de Sant lu*, in der *Carrer dels Comtes*, erinnert an den Baubeginn. Die Kathedrale wurde der hl. Eulalia gewidmet, ein junges, legendäres Mädchen, das wegen seines christlichen Glaubens im 4. Jahrhundert gefoltert und getötet wurde. Das Gebäude ist im Laufe der Jahre stark verändert worden: Die Hauptfassade der Kirche, ein umstrittenes Werk der Architekten Mestres und Font, die sich an den Originalzeichnungen von 1408 eines französischen Architekten hätten inspirieren müssen, geht auf das Ende des 19. Jahrhunderts zurück. Der zentrale Hauptturm der Kathedrale stammt sogar aus dem Jahre 1913. Das Innere ist großartig, die großen farbigen Fenster aus dem 15. Jahrhundert erhellen die drei Schiffe in reiner katalanischer Gotik. Die Kathedrale ist ein Schrein von Kunstschätzen, man sollte mit Aufmerksamkeit die 26 Kapellen, die Sakristei, die Krypta mit dem Sarkophag der Heiligen und den wunderschönen Kreuzgang besichtigen. Seitlich vom Haupteingang öffnet sich die ***Capella del Baptisteri*** (Taufkapelle) mit dem Taufbrunnen aus Marmor, ein Werk von Onofre Julia (1443). Auf der entgegengesetzten Seite liegt die große ***Capella de Sant Oleguer*** von 1405, die von einem Gitter aus Schmiedeeisen geschützt wird. Über dem Altar des Bischofs Oleguer, ein Werk von Ça-Anglada, befindet sich das hölzerne *Kruzifix* aus dem 16. Jahrhundert, das Johann von Österreich auf das Admiralsschiff der christlichen Flotte in die Schlacht von Lepanto mitnahm. Auf die Capella de Sant Oleguer folgt die ***Capella de Sant Climent***, mit dem gotischen Grab von Doña Sanxa Ximénez de Cabrera und einem Retabel aus dem 15. Jahrhundert. Hinter der Vierung betritt man das Presbyterium,

Die eindrucksvollen gotischen Gewölbe der Kathedrale. Im Vordergrund die Chorschranken aus der Renaissance.

die ***Capella Major***. In den Kapellen des Wandelgangs, der um den zentralen Raum führt, sieht man zahlreiche, erlesene Altaraufsätze aus dem 14. und 15. Jahrhundert. In der ***Capella de Sant Miquel*** wird das *Retabel mit der Heimsuchung Marias* aus dem 15. Jahrhundert aufbewahrt, in der ***Capella del Patrocini*** befindet sich eines der Meisterwerke von Bernat Martorell, das *Retabel der Verklärung Christi*, und in der ***Capella del Santíssim Sacrament*** das *Retabel des Erzengels Gabriel* aus dem 14. Jahrhundert. In der sechsten Kapelle kann man das *Retabel der Hll. Martin und Ambrosius* bewundern, in der siebten das *Retabel*, das die *Hll. Klara und Katharina* darstellt (15. Jh.). In der ***Capella dels Sants Inocents*** sieht man die gotische Grabstätte des Bischofs Ramón de Escales. Rechts vom Hauptaltar liegen die zwei Gräber der Gründer der Kathedrale, Graf Ramón Berenguer I. und seine Frau Almodis. Links von der Vierung gelangt man in die *Carrer dels Comtes* durch die ***Puerta de Sant Iu***, dem ältesten Teil der Kathedrale, der sein romanisches Aussehen bewahrt hat. Unter der Capella Major führt eine kurze Treppe zur **Krypta**, wo in einem *Alabastersarkophag* aus dem Jahr 1327, einem Werk eines Schülers des Italieners Nicola Pisano, die sterblichen Überreste der Hl. Eulalia aufbewahrt werden. Auf dem großen Gewölbe der Krypta, die von Jaume Fabré entworfen wurde, stellte der deutsche Maler Müller die *Krönung* der *Hl. Eulalia* dar. In der Mitte des Hauptschiffes befinden sich die Renaissanceschranken des **Chors**. Die Arbeiten wurden 1390 begonnen, als Ramón de Escales Bischof von Barcelona war. Sein Wappen (drei Treppen) ist in die Mauern des Chors gemeißelt. Die Schranken sind mit Basreliefs von Ordóñez geschmückt (1517), die das Leben der Hl. Eula-

DIE HEILIGE EULALIA

Barcelona und Merida stehen in Wettstreit miteinander um die Hl. Eulalia, die um 290 n. Chr. in Spanien geboren wurde. Gerade erst 14 Jahre alt bekannte sie sich, während der Christenverfolgungen Diokletians, öffentlich zu ihrem Glauben. Zusammen mit der Hl. Julia wurde sie erst lange gefoltert und dann in Merida lebendigen Leibes verbrannt. Ihr Festtag wird zweimal gefeiert, der der Hl. Eulalia von Merida am 10. Dezember, der der Hl. Eulalia von Barcelona erst am 12. Februar und noch immer streitet man darum, ob es sich wirklich um dieselbe Person handelt.

Das prächtige Chorgestühl und ein Detail der reichen Farb- und Golddekoration.

lia darstellen. Jenseits der Schranken befinden sich die Chorstühle, die mit den Wappen der Ritter vom Orden des Goldenen Vlieses verziert sind, welche von Karl V. und Erzherzog Maximilian von Österreich 1519 in die Kathedrale berufen wurden. Die Chorstühle und der bischöfliche Stuhl stammen von Ça-Anglada, während die Ende des 15. Jahrhunderts fertiggestellten Fialen an den Chorstühlen ein Werk des deutschen Meisters Lochner sind. In einer Ecke rechts von der Capella Major befindet sich die **Sakristei** mit *Kathedralenschatz*. Es handelt sich um eineSammlung von Kultgegenständen und sakraler Kunst, darunter ein Reliquienschrein des 15. Jahrhunderts, der mit der Ordenskette des Goldenen Vlieses geschmückt ist und Karl V. gehörte, der vergoldete Stuhl des aragonischen Königs Martin I. und ein Ostensorium aus Gold und Silber (1390). Zum **Kreuzgang** der Kathedrale gelangt man von der Puerta de Sant Sever, im Innern der Kirche, von der Kapelle der Hl. Lucia, rechts vom Haupteingang, von der ***Puerta de Santa Eulalia*** (ein schönes, unvollendetes Portal im gotischen Flamboyantstil aus dem 15. Jahrhundert), die sich auf den *Carrer del Bisbe Irurita* öffnet, und von der ***Puerta de la Pietat***, die sich an der gleichnamigen Gasse befindet und deren Lünette über dem Portal mit einer hölzernen Pietà-Darstellung in Relief nordischen Ursprungs geschmückt ist (16. Jh.). Der Kreuzgang gehört zu den schönsten gotischen Kreuzgängen überhaupt. Auf drei seiner vier Seiten befinden sich die antiken Kapellen der religiösen Kongregationen, die schlichte Gitter aus Schmiedeeisen vom Laubengang des Kreuzgangs abtrennen. Der an die Flanke der Kathedrale angefügte Flügel ist der älteste, er entstand im 14. Jahrhundert, während die anderen um die Mitte des 15. Jahrhunderts gebaut wurden. Dort wo der älteste und der zur Flanke der Kirche senkrecht stehende Flügel zusammentreffen, befindet sich die romanische ***Puerta de Sant Sever***, gegenüber der sich ein reizvoller alter Klosterbrunnen erhebt, in der Mitte eines kleinen Tempels, dem ***Pabelló de Sant Jordi***; an dessen Gewölbe sieht man Dekorationen, die in der Mitte den *Hl. Georg* und längs der Rippen die *Kirchenväter* darstellen. Alljährlich wiederholt sich, zum Anlaß des *Corpus Domini-Festes*, in diesem kleinen Tempel das traditionelle *Ou com balle* (das tanzende Ei): eine Schale, die über dem Brunnen dank eines Wasserstrahls "tanzt". In der Nähe des Tempels befindet sich ein kleiner, mit Enten bevölkerter Wasserspiegel, der nach der Meinung bestimmter Personen die Reinheit der Hl. Eulalia symbolisiert. In der der *Puerta de Sant Sever* entgegengesetzten Ecke befindet sich die romanische ***Capella de Santa Llúcia***, oder besser, was von der romanischen Kathedrale des 13. Jahrhunderts übrig blieb. Sie wurde 1268 der Madonna gewidmet und hat ein schönes Portal. Im Inneren, einem schlichten, rechteckigen Raum mit Tonnengewölbe, befinden sich die Gräber des Bischofs Arnau de Gurb, des Gründers der Kapelle, und des Kanonikers von Santa Coloma. Der Hauptaltar ist mit einem Heiligenbild geschmückt. Der **Kapitular-Saal** (15. Jahrhundert) beherbergt das *Museum der Kathedrale*, wo neben anderen Kunstwerken, die *Pietà* von Bartolomé Bermejo (Ende 15. Jahrhundert), das illuminierte Messbuch der Hl. Eulalia (ein Werk von Rafael Destorrents), und das *Retabel des Hl. Onofrius* (14. Jahrhundert) von Jaume Serra aufbewahrt werden.

Der feine gotische Kreuzgang des Klosters. Rechts der alte Klosterbrunnen, überdacht vom Pabelló de Sant Jordi.

PALAU DE LA GENERALITAT

Die *Plaça de Sant Jaume* ist so etwas wie eine Fortsetzung des einstigen Forums der römischen Stadt. Dieser antiken Tradition folgend liegen dort noch heute die wichtigsten Verwaltungsgebäude von Barcelona: der *Palau de la Generalitat*, der in mehreren Abschnitten ab dem 15. Jh. erbaut wurde, um die Diputación de Catalunya (das Parlament) aufzunehmen, und die *Casa de la Ciutat* oder *Ajuntament* (das Rathaus). Die Hauptfassade des Parlaments, ein Werk im Renaissancestil von Pere Blai, entstand am Ende des 16. Jahrhunderts. Die elegante gotische Nebenfassade, die sich am Carrer del Bisbe Irurita erhebt, wurde 1416 vom Architekten Marc Safont verwirklicht. Die Perle des Gebäudes ist jedoch der alte *Innenhof*, den man durch einen weiten Flachbogen betritt. Auch er wurde im katalanisch-gotischen Stil von Safont (1425) gebaut und ist ein typisches Beispiel für den herrschaftlichen Patio dieser Zeit. Die von einem einzigen Bogen gestützte Treppe mit fein verzierter Balustrade führt zum Hauptgeschoss des Gebäudes, dessen Loggia sich mit einer Reihe von Spitzbögen auf den Hof öffnet. In der Eckzone, am Ende der Treppe, werden die Spitzbögen durch einen kühnen architektonischen Kunstgriff unterbrochen, nämlich durch zwei kleine Rundbögen (anstatt Spitzbögen), die von einem hängenden Kapitell ohne Säule zusammengefasst werden. Nach diesem kunstvollen Zugang steht man vor der *Capella de Sant Jordi* (Kapelle des Hl. Georgs) ein weiteres Werk von

Oben die schlichte Fassade des Palau de la Generalitat;
unten die klassizistische Fassade des Ajuntament.
Folgende Seite, oben, Detail der gotischen Fassade des Ajuntament mit dem eleganten Portal und unten ein Blick in den Saló de Cent.

Safont (1432). Vom Bogengang der Hauptetage gelangt man in den *Saló de Sant Jordi*, der am Ende des 16. Jh. von Pere Blai entworfen wurde. Es handelt sich um einen großen, dreischiffigen Raum mit Gewölben, die von rechteckigen Pfeilern gestützt werden. Die zentrale Kuppel schmücken Fresken mit geschichtlicher Thematik, welche in den 20er Jahren von Joseph Mongrell ausgeführt wurden. Vom Bogengang des Hofes aus gelangt man zum berühmten *Patio dels Tarongers* (Orangenhof), ein Werk zwischen Gotik und Renaissance (1526-1600). Von hier kommt man zum sogenannten *Salò del Consistori Major* oder *Saló Dauret* (Goldener Saal), der wegen der Dekoration seiner Wandpaneele so genannt wurde. An den hölzernen Deckenkassetten erscheinen geschnitzte und gemalte Bildnisse der katalanischen Könige.

AJUNTAMENT

Die klassizistiche Fassade dieses ursprünglich gotischen Palastes entstand im 19. Jahrhunderts. Seitlich, in der *Carrer de la Ciutat*, sieht man noch die alte gotische Fassade, am Ende des 14. Jahrhunderts von Arnau Bargués geschaffen. Das Eingangsportal wird durch einen kostbaren Reliefbogen gesteigert, der rechts in einen Flügel des zur *Fassade* senkrecht stehenden Palastes übergeht. Über dem Bogen erkennt man die Wappen von Barcelona und Katalonien und die Statue des *Erzengels Raphael*. In dem Hauptgeschoss des Gebäudes befindet sich der *Saló de Cent*, der für den Stadtrat der Hundert im 14. Jahrhundert von Pere Llobet geschaffen, am 17. August 1373 eingeweiht und Mitte des 19. Jahrhunderts erweitert wurde. Auf diesen Saal folgt der *Saló de Sessions* oder *de la Reina Regent* aus dem 19. Jahrhundert – so genannt weil dort das *Porträt der Königin Maria Cristina mit ihrem Sohn*, dem kleinen Alfons XIII. hängt – in dem derzeitig der Gemeinderat zusammentritt. Stets auf derselben Etage befindet sich der *Saló de les Cròniques* aus der ersten Hälfte des 20. Jahrhunderts, der von Joseph Sert fast vollständig mit historischen Szenen freskiert wurde.

PLAÇA DE RAMÓN BERENGUER EL GRAN - Die *Plaça de Ramón Berenguer el Gran*, die sich an der Ostgrenze des in den königlichen Palast integrierten Mauerrings befindet, bildet vor der Mauer eine Art schmalen Garten. Hier, in der *Via Laietana*, steht das *Reiterdenkmal des Grafenkönigs Ramón Berenguer III.* (1097-1131), aus der Familie jenes Ramón, der 1058 die Kathedrale wiedererrichtete. Außer der römischen Mauer dient auch die Flanke der ***Capella de Santa Àgata*** als Kulisse für das Denkmal. Die Palastkapelle des Palau Reial Major erhebt sich dort, wo sich einst das Oratorium Santa Maria befand, auf den römischen Stadtmauern. Den einschiffigen Raum, der von großen Spitzbögen geliedert wird, überdeckt eine schöne farbige Kassettendecke.

In der Apsis sieht man noch die Wappen von Jakob III. und seiner Frau Bianca von Anjou, und über dem Hauptaltar prunkt eines der Meisterwerke der altkatalanischen Malerei, ein Retabel, das die *Anbetung* der *Hl. Drei Könige* (in der Mitte, unten) und die *Kreuzigung* (in der Mitte, oben) mit sechs seitlichen Szenen darstellt. Das Werk stammt von Jaime Huguent und wird *Retablo del Condestable* genannt, weil der Künstler vom Konnetabel don Pedro von Portugal, einem der Prätendenten der katalanisch-aragonischen Krone, mit diesem Werk beauftragt wurde. Von der *Via Laietana* aus – einer der wichtigsten Verkehrsadern der Stadt, weil sie den hochgelegenen Teil Barcelonas, das älteste Viertel durchquerend, mit dem Hafen verbindet – genießt man am Abend ein wirklich einzigartiges Schauspiel, wenn die imposanten Mauern und die Kapelle der Hl. Agata oberhalb der Kathedrale taghell erleuchtet werden.

Die Plaça de Ramón Berenguer el Gran, im Vordergrund das Reiterdenkmal des Grafenkönigs.

MUSEU D'HISTÒRIA DE LA CIUDAD

Das 1973 gegründete *Museu d'Història de la Ciudad de Barcelona* (Museum der Stadtgeschichte, MHCB) befindet sich schon immer in der *Casa Clariana-Padellàs*, einem gotischen Palais des 15. Jahrhunderts, das mit der Eröffnung der *Via Laietana* Stein für Stein an seinen jetzigen Platz versetzt wurde. 1931 fand man bei den Ausgrabungsarbeiten bedeutende Reste der römischen Stadt. Die Funde gaben den Anlass dafür, das Gebäude dem Museum für Stadtgeschichte zu widmen. Im unterirdischen Teil, der sich bis zur *Plaça de l'Angel* erstreckt, kann man die Reste des Forum Romanum (2. Jh. n. Chr.), einer Badeanstalt, Abflusskanäle, eine Straße und eine Reproduktion der westgotischen Nekropole besichtigen. Unter der *Carrer dels Comtes* befinden sich auch die Reste der christlichen Basilika des 4. Jahrhunderts. Ab 1999 ist dieses Museum Teil des ehrgeizigen Projektes, die städtischen Museen und Sammlungen Barcelonas zu erneuern, um dem historischen Erbe der Stadt eine neue Wertigkeit zu verleihen. Das Museum zeigt in seinem Hauptgebäude außer Plänen und zeitgenössischen Stadtansichten, archäologische Funde, Fotografien des gotischen Viertels, verschiedenartige Gemälde und Stiche, Porträts, alte Bücher und Sarkophage. Ihm werden auch andere bedeutende Institutionen zugeordnet wie das *Museu Monestir de Pedralbes*, das *Casa Museu Verdaguer* und das *Centre d'Interpretació i Acollida del Parc Güell.*

Das Museo d'Historia de la Ciudad enthält interessante Reste (Statuen, Flachreliefs, Fragmente von Bauwerken usw.) aus der römischen Antike.

PALAU LLOCTINENT - Die imposante *Plaça del Rei*, einst der zentrale Teil des *Palau Reial Major*, der von den Königen von Aragon und vorher von den Grafen von Barcelona bewohnt wurde, befindet sich im Zentrum des gotischen Viertels. An diesem Platz liegen der *Palau Lloctinent*, der ***Mirador del Rei Martí*** genannte Turm (aus der Mitte des 16. Jahrhunderts mit fünfgeschossiger Loggia), der ***Saló del Tinell*** (der Festsaal des Grafenpalasts aus dem 14. Jahrhundert), die ***Capilla de Santa Ágata*** (die Palastkapelle aus dem 14. Jahrhundert) und die ***Casa Clariana-Padellàs*** aus dem 16. Jahrhundert mit dem *Geschichtsmuseum der Stadt*. Das Stadthalterpalais oder der Palast des Vizekönigs, der mit seiner Nebenfassade den Platz beherrscht, ist ein schlichter Bau von Antoni Carbonell (1549). In ihm befinden sich die *Archive der aragonischen Krone*, mehr als vier Millionen Dokumente, von denen einige sogar auf das 9. Jahrhundert zurückreichen. Der eigentümliche Patio besteht aus mehreren Reihen von übereinandergelegenen Bogengängen und einer luftigen Haupttreppe mit einer prächtiger Kassettendecke.

DIE RÖMISCHEN STADTMAUERN - Im Gegensatz zu dem, was der Name Barri Gòtic vermuten läßt, stammen seine Gebäude nicht nur aus dem 13. und 14. Jahrhundert, sondern überleben zusammen mit römischen Resten aus dem 4. Jahrhundert n. Chr.: die Fragmente des Mauerrings, den die Römer bauten, nachdem sie das antike *Barcino* zurückerobert hatten, das in der zweiten Hälfte des 3. Jahrhunderts n. Chr. von den Barbaren besetzt und zerstört worden war. Diese Stadtmauern, die eine Länge von 1270 Metern haben, waren etwa 9 Meter hoch und 3,50 Meter breit und von mächtigen vieleckigen Türmen und Stadttoren bestückt. Überreste eines basilikalen Gebäudes aus derselben Zeit wie die Mauern sind unter der Kathedrale gefunden worden und auf dem Platz der Kathedrale befindet sich, neben einem Stadtmauerabschnitt, der Beginn eines römischen Aquädukts. Überreste des Mauerrings sieht man noch immer in der *Carrer Correu Vell, Baixada Caçador, Carrer Sotstinent Navarro, Plaça de l'Angel, Baixada Llibreteria, Carrer Tapineria, Plaça de Ramón Berenguer el Gran* und in der *Carrer dels Comtes*, letztere flankiert die Kathedrale.

Oben die schlichte Fassade des Palau Lloctinent, rechts ein Abschnitt der mächtigen römischen Stadtmauern.

MUSEU MARÈS

Dieses der religiösen Kunst gewidmete Museum ist in einem Nebengebäude des *Palau Reial Major* untergebracht. Der Palast besteht aus mehreren Gebäudeteilen verschiedener Epochen. Ehemals Residenz der Grafen von Barcelona wurde er ab der zweiten Hälfte des 15. Jahrhunderts Sitz der Inquisition und schließlich Residenz der Könige von Aragon und Kastilien. Auch Christoph Kolumbus fand hier nach seiner Rückkehr aus der neuen Welt Aufnahme. Im 17. Jahrhundert diente sein ältester Flügel klösterlichen Zwecken und in diesen Räumen fand schließlich das *Museu Marès* Unterkunft. Der bedeutende Kern der Sammlungen stammt vom Bildhauer Frederic Marès i Deulovol, der diese Werke 1940 der Stadt Barcelona schenkte, welche ihrerseits in wenigen Jahren das neue Museum entstehen ließ. Es handelt sich vor allem um mittelalterliche Skulpturen, nicht nur aus Katalonien, sondern auch aus den anderen spanischen Regionen. Das Erdgeschoss des Museums zeigt antike iberische, griechische und punische Plastik bis zur kastilischen und aragonischen Skulptur des 15. Jahrhunderts. Auch gibt es eine Sammlung von *Kruzifixen* (aus dem 14.-15. Jahrhundert) und von emaillierten oder bemalten Holz- und Metallkreuzen (von der Gotik bis zum 17. Jahrhundert). Die im ersten Stock ausgestellten Skulpturen und Bilder entsprechen dem Zeitraum zwischen dem 15. und 19. Jahrhundert. In der Plastik aus dem 15. Jahrhundert herrscht das Thema der *Madonna mit Kind* vor, während in der des 13. und 14. Jahrhunderts das Thema der *Hl. Familie* stark vertreten ist. Die Werke der spanischen Renaissanceskulptur bezeugen deutlich die italienischen und flämischen Einflüsse. Bemerkenswert in diesem Zusammenhang ist eine Gruppe aus Alabaster (Reliefs von Francisco Giralte mit der *Verkündigung*, der *Heimsuchung*, der *Anbetung der Hirten* und der *Darstellung im Tempel*) und eine *Jungfrau mit Kind*, die Alonso Berruguete zugeschrieben wird.

FREDERIC MARÈS I DEULOVOL

Diese faszinierende Persönlichkeit, der Barcelona viel verdankt, wurde 1893 geboren und starb fast hundertjährig im Jahr 1991. Marès war als Bildhauer geschätzt, verwendete aber auch viel Energie auf das Sammeln von wertvollen spanischen Skulpturen, vom Mittelalter bis zum Beginn des 20. Jahrhunderts. So entstand eine reiche, einzigartige Sammlung, die erstmals die verschiedenen Schulen, Künstler und Meisterwerke unter einem kunsthistorischen Aspekt umfassend untersuchte.

Zwei besonders kostbare religiöse Holzskulpturen des Museu Marès.

SANTA MARÍA DEL PI - Diese Kirche, die auch unter dem Namen *Nuestra Señora de los Reyes* bekannt ist und an der Stelle erbaut wurde, wo sich einst ein religiöses Gebäude des 10. Jahrhunderts befand, wurde 1322 begonnen und 1453 geweiht, doch die Krypta entstand erst im 16. Jahrhundert. Eine große Fensterrose hebt sich von der schlichten gotischen Fassade ab; die farbigen Gläser der Rose sind modern. Das einschiffige **Innere** mit Seitenkapellen enthält ein Grab von 1394. Die Kirche steht an dem gleichnamigen Platz, auf dem regelmäßig ein Markt stattfindet. Rings um die Kirche, im Pino-Viertel, gibt es zahlreiche Cafés, Gasthäuser und Konditoreien, oft in alten Räumen, und Antiquitätenhändler oder Geschäfte, die Artikel wie Masken, Landkarten usw. führen. Während eines Spaziergangs durch die *Carrer Petritxol* hat man die Möglichkeit, die berühmten örtlichen Leckerbissen zu versuchen.

SANTS JUST I PASTOR - Diese uralte Kirche wird bereits im 9. Jahrhundert in den Quellen erwähnt. Sie steht, mit einer Reihe von gotischen Palästen, an der Plaça de St. Just. Die derzeitigen Formen des Gebäudes entstammen dem 14.- 15. Jahrhundert. Die einfache Fassade ist nur

PALAU REQUESENS

Nicht weit von Sants Just i Pastor erhebt sich eine der bedeutendsten Adelsresidenzen, der *Palau Requesens*, ein Palais, das im 16. Jahrhundert für Luís Requesens gebaut wurde, ein Freund Philipps II. Der 1970 restaurierte Bau beherbergt heute die *Reial Acadèmia de les Bones Lletres*, die die katalanische Geschichte und Literatur ab 1790 fördert. Dort richtete man auch die *Galeria de Catalanes Ilustres* ein, eine Porträtsammlung berühmter Persönlichkeiten der Region ab dem 10. Jahrhundert.

Oben Santa María del Pi mit ihrer strengen gotischen Fassade. Links die uralte Kirche Sants Just i Pastor.

von einem der beiden ursprünglich vorgesehenen Glockentürme flankiert. Im einschiffigen **Inneren** findet man Zugang zu den Seitenkapellen, die mit Reliefs ausgeschmückt sind, in der Kapelle des Hl. Felix stößt man auf das gleichnamige *Retabel*, ein beachtliches Werk aus der ersten Hälfte des 16. Jahrhunderts von Pedro Nuñez. Die zwei Weihwasserbecken sind aus alten gotischen Kapitellen ausgehauen.
Laut den Vorschriften der Bürgerlichen Statute von 1282 hat die Kirche Sants Just i Pastor das Recht, das Privileg *"de los testamentos sacramentales"* zu erteilen, ein Recht das noch heute gilt, und demzufolge der letzte mündliche Wille eines Sterbenden rechtskräftig wird, selbst wenn keine schriftlichen Dokumente vorliegen, wenn er unter Eid und binnen sechs Monaten vor dem Altar der Kapelle des Hl. Felix von den bei der Formulierung anwesenden Zeugen wiederholt wird.

CARRER DE MONTCADA - Von der *Via Laietana* kommt man, wenn man die *Carrer Princesa* einschlägt, zur *Carrer de Montcada*, früher nur ein Weg an den Ufern eines Baches, der jedoch bald den Namen *"Calle Nueva"* erhielt, als man mit den ersten Bauten gleich außerhalb der Stadmauer begann. Der jetzige Name geht auf Guillem Ramon de Montcada zurück, der dort 1153 seinen Palast erbauen ließ. Zwischen dem 13. und 18. Jahrhundert zählte diese Straße wegen ihrer prächtigen Wohnsitze zu den vornehmsten der Stadt. Das endete im 19. Jahrhunderts, als andere Viertel Barcelonas der Straße den Rang abliefen.

PALAU DEL MARQUES DE LLIÓ

Unter den alten Wohnsitzen, die man noch heute in dieser Straße bewundern kann, befindet sich unter der Nr. 12 der *Palau del Marques de Lliò*, ein prächtiges Bauwerk aus dem 14. Jahrhundert, derzeitig im Besitz der Gemeinde, die dort das *Museu Tèxtil i d'Indumentaria* (das Kostümmuseum) eingerichtet hat, das dank des großzügigen Nachlasses Manuel Rocamoras verwirklicht wurde. Auf den drei Etagen des eleganten Palastes kann man Messgewänder, Puppen, Schuhe, Kleideraccessoires (vor allem Fächer und Taschen), Matadorkostüme, Wandteppiche, Uniformen und kostbare Stickereien bewundern. Die ältesten Stücke stammen aus dem 16., die neuesten aus dem 20. Jahrhundert.

Der strenge und dennoch prachtvolle Innenhof aus dem 14. Jh. des Palau del Marques de Lliò; heute enthält das Palais ein reich bestücktes Kostümmuseum.

MUSEU BARBIER-MUELLER D'ART PRECOLOMBI

Dieses interessante Museum, von der Königin Sofia 1997 im ursprünglich mittelalterlichen *Palau Nadal* in der *Carrer de Montcada* Nr.14 eröffnet, enthält eine der weltweit reichhaltigsten Sammlungen präkolumbischer Kunst. Die etwa 6000 Ausstellungsstücke von unschätzbarem Wert wurden der Stadt Barcelona vom Museum Barbier-Mueller in Genf vermacht und stammen ihrerseits von der kleinen, aber bedeutenden Volkskunst-Sammlung ab, die 1908 von Josef Mueller (1887-1977) mit wahrer Hingabe begonnen worden war. Im Museum sieht man Ma-

Präkolumbische Kunst, Mexiko, Chupícuaro, Weibliche Figur, *farbige Keramik, 500-100 v. Chr. Museu Barbier-Mueller, Sammlung Pierre-Alain Ferrazzini.*

Präkolumbische Kunst, Zentralgebiet, Maya, Totenmaske, *Fuchsite, um 400 n. Chr. Museu Barbier-Mueller, Sammlung Pierre-Alain Ferrazzini.*

Präkolumbische Kunst, Brasilien, Insel Marajo,
Große Bestattungsurne,
Keramik, um 1000 n. Chr.
Museu Barbier-Mueller,
Sammlung Pierre-Alain Ferrazzini.

nufakte aus Keramik, Skulpturen aus Stein, Figuren aus Jade und Objekte, die für den Totenkult, die Religion oder einfach als Ornament Bedeutung haben. In dieser fantastischen Vielfalt von Stilen, Materialien und Farben sind alle präkolumbischen Kulturen vertreten aus Mittel- und Zentralamerika, dem Anden- und dem Amazonas-Gebiet, allen voran die Mayas und die Olmeken am Golf von Mexiko, deren prächtige Artefakte aus dem 1. Jahrtausend v. Chr. stammen.

MUSEU PICASSO

PABLO PICASSO (1881-1973)
Der in Malaga geborene Picasso kam 1896 nach Barcelona, wo er zum Künstler heranreifte und seine ersten Ausstellungen veranstaltete, vom lebhaften kulturellen Klima inspiriert. Mit der katalanischen Stadt blieb er für immer verbunden, auch wenn er fast ständig in Frankreich lebte.

An der Nr. 15 der *Carrer de Montcada* steht der ***Palau Berenguer d'Aguilar*** aus dem 14. Jahrhundert mit einem gotischen Patio, Wohnsitz der Familie Llinás und später der Grafen von Santa Coloma, die das gotische Gebäude in Renaissance und Barock abänderten. Das Palais beherbergt das Picasso-Museum, das die Stiftung Jaume Sabartés, eines Freundes des Malers, und Picassos eigene Stiftung vereint, mit mehreren hundert Ölgemälden, Zeichungen und Radierungen. Um all diese Werke der ständigen Sammlung des Museums auszustellen, gliederte man den benachbarten *Palau Baró de Castellet* (17. Jahrhundert) an und auch den *Palau Meca* (Haus Nr. 19). Bei einer neuen Erweiterung kamen 1999 die *Casa Mauri* (18. Jahrhundert) und der *Palau Finestres* hinzu, die man für Wechselausstellungen nutzt. Das ausgestellte Material (chronologisch geordnet) ist unumgänglich, wenn man den Künstler wirklich kennen lernen will. Hier befinden sich u. a. eine mit 9 Jahren ausgeführte Zeichnung, die Ende des 19. Jahrhunderts in La Coruña geschaffenen Arbeiten, die Werke der zwei Barcelona-Aufenthalte (1895-1897 und 1901-1904), die berühmte "Blaue Periode", nach der Zeit in Paris, Arbeiten aus der Kubistischen Periode und die 1957 in Cannes entstandenen Zeichnungen. Weitere Meisterwerken nennen sich: *Wissenschaft und Barmherzigkeit*, das der Meister im Alter von 15 Jahren malte, *El Paseo Colón und Barcelona* (der geliebten Stadt gewidmet), *Das kranke Kind* (Blaue Periode) und der *Harlekin* (1917, Kubistische Periode). Eine ganze Abteilung des Museums ist den 58 Bildern vorbehalten, die Picasso 1968 dem Museum schenkte, 44 davon sind Variationen zu *Las Meninas*, dem im Prado aufbewahrten Gemälde von Velázquez.

Pablo Ruiz Picasso
Der Harlekin von Barcelona,
Öl auf Leinwand, 116x90 cm, 1917.

Oben, Pablo Ruiz Picasso, Mère et enfant au fichu, *Pastell und Kohle auf Papier, 46x40 cm, 1903.*

Unten, eine der 44 Variationen zum Gemälde Las Meninas *von Velázquez, die Picasso 1968 dem Museum schenkte.*

Der typisch barocke Innenhof des Palau Dalmases.
Unten, Santa María del Mar: eine faszinierende Nachtansicht der Fassade mit der Rosette und den achteckigen Glockentürmen.

PALAU DALMASES - An der Nr. 20 der *Carrer de Montcada* findet man den *Palau Dalmases*, eine der herrlichen Residenzen, die zum Zauber dieser Straße beitragen. Obgleich dieser Palast des 17. Jahrhunderts sich nicht in sehr gutem Zustand befindet, prunkt er doch mit seinem schönen, barocken Patio und der Familienkapelle mit Reliefdekoration oben am Gewölbe. Zunächst als Wohnstätte für Pau Ignasi de Dalmases gebaut, wurde er später zum Sitz der "Accademia dels Desconfiats" (Akademie der Mißtrauischen).

SANTA MARÍA DEL MAR - Am Ende der *Carrer de Montcada* trifft man auf die Apsis der Kirche Santa María del Mar, die zusammen mit der Straße zum Nationaldenkmal erklärt wurde, da es sich um eines der wichtigsten Beispiele

Das Innere von Santa María del Mar in seiner stilistischen Strenge.

mittelalterlicher katalanischer Architektur handelt. Alfons IV. begann in der ersten Hälfte des 14. Jahrhunderts, nach der Besetzung von Sardinien, mit dem Bau dieser Kirche und erfüllte somit ein bereits von Jakob I. abgelegtes Gelübde. Die vom Architekten Berenguer de Montagut geplante Kirche entstand an dem Ort, an dem sich vorher eine Pfarrkirche aus dem 10. Jahrhundert befand und wurde 1383 unter Peter IV. vollendet. Das großflächige Äußere mit seinem schönen ausgeschmiegten Portal, den großen harmonischen Spitzbogenfenstern und den zwei schlanken, achteckigen Glockentürmen mit drei übereinander gelagerten Fensteröffnungen, verleihen der Kirche ein majästetisches Aussehen. Die schöne Rosette im gotischen Flamboyantstil, die den oberen Teil der Fassade schmückt, entstand bei einem Umbau in der zweiten Hälfte des 15. Jahrhunderts, da die ursprüngliche Rosette 1428 durch ein schreckliches Erdbeben zerstört worden war.
Die drei schmalen Schiffe des **Innern**, die von seltener stilistischer Einheit sind, werden von achteckigen Pfeilern gestützt, die wegen ihrer geringen Anzahl 13 Meter voneinander entfernt sind, ein ungewöhnlicher Abstand für eine gotische Kathedrale. Bemerkenswert sind auch einige der erlesenen farbigen Kirchenfenster aus dem 15. Jahrhundert (darunter das *Jüngste Gericht* im linken Schiff, die *Himmelfahrt Mariens* in einer Seitenkapelle und vor allem die *Marienkrönung* in der Mitte der Rosette).
Leider zerstörte der Brand vom Juli 1936 die Innendekoration und den bedeutenden barocken Hauptaltar aus der zweiten Hälfte des 18. Jahrhunderts fast vollständig.

LAS RAMBLAS

"Dies ist die schönste Straße der Welt". So definierte der englische Schriftsteller Somerset Maugham die *Ramblas* von Barcelona, die berühmteste Allee der katalanischen Hauptstadt und ganz Spaniens. Es handelt sich um eine lange, mit Platanen gesäumte Straße, eine Promenade im Herzen der Altstadt, eine gerade Linie, die zwei Hauptplätze von Barcelona miteinander verbindet: die *Plaça de Catalunya* und die *Plaça Portal de la Pau* mit der Säule, die das Kolumbusdenkmal trägt. Der Verkehr fließt auf beiden Seiten eines breiten, gepflasterten Streifens, wo man spazierengehen, sich ausruhen, spielen und sich auch unterhalten kann. Die *Plaça de Catalunya* ist der berühmteste und beliebteste Platz der Stadt. Hier treffen neun Hauptstraßen aufeinander und im Untergrund kreuzen sich die Geleise der U-Bahn. Die *Plaça de Catalunya* ist die "City" von Barcelona, das Geschäfts- und Bankviertel. Der Platz trennt die Altstadt, das mittelalterliche Viertel, von der Neustadt. Die Wasserspiele von zwei großen Brunnen verschönern den Platz, der bis spät in die Nacht belebt ist. Gegenüber den *Ramblas* wurde ein berühmtes Denkmal aufgestellt, *La Dea* von Joseph Clarà. In der Nähe der *Ramblas* erhebt sich die romanisch-gotische

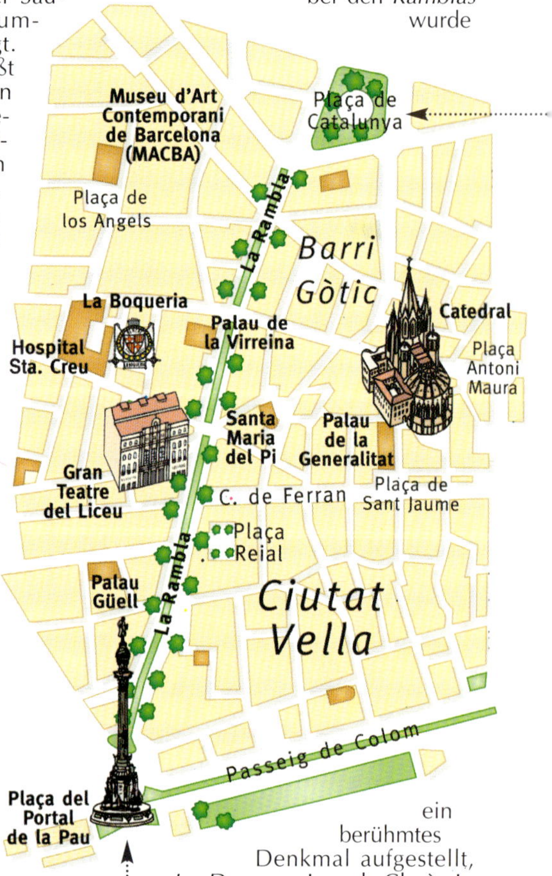

EL CORTE INGLÉS

Es handelt sich um ein großes Einkaufszentrum, das es schon seit fast 70 Jahren gibt und das ein breites Warenangebot bietet: Feine Wäsche, Haushaltswaren, Kleidung, Hochzeitsgeschenke und andere Kollektionen.

Zwei Ansichten der eleganten Plaça de Catalunya mit einem der großen Brunnen, die sie zieren. Unten, Farbenfreude, Kreativität und Vitalität sind die Kennzeichen der stets belebten Ramblas.

Kirche Santa Anna, die 1146 erbaut und nach den Plünderungen von 1936 restauriert wurde. Im Innern befindet sich ein schöner *Kreuzgang* aus dem 14.-15. Jahrhundert.
Die 1180 Meter langen *Ramblas* wurden während der napoleonischen Besetzung auf Anordnung des Generals Duchesne mit Bäumen bepflanzt, die dieser eigens aus Gerona kommen ließ. Die *Ramblas* liegen in Wirklichkeit auf dem Bett eines Baches, den die Araber *Ram-la* genannt hatten und der die Grenze der mittelalterlichen Zitadelle anzeigte. An diesem Bach wurde der zweite Mauerring der Altstadt errichtet. Im Laufe der Jahre erbaute man an den Ufern des *Ram-la* vor allem religiöse Bauten. Die späteren *Ramblas* waren damals als *Carrer de los Conventos* bekannt. Erst 1704 begann man mit der Überdeckung und Urbanisierung von dem, was vom Bach übrig geblieben war. *Ramblear* ist einer der beliebtesten Zeitvertreibe der Einwohner Barcelonas. Es handelt sich um einen Neologismus, der "*Ramblas*-Gehen"

bedeutet. Die Barceloner lieben es, unermüdlich auf dieser langen Allee spazieren zu gehen und über Fußball (um den *Font de Canaletes* herum) oder über die Stierkämpfe (am Bogen des Theaters) zu diskutieren. Die *Ramblas* sind das pulsierende Herz, der Markt der Stadt: Zeitungsstände, die wie Buchhandlungen aussehen, Cafés, Blumen- und Vogelverkäufer, Musiker und Komödianten sowie Matrosen bevölkern zu jeder Stunde dieses Viertel von Barcelona. In Wirklichkeit sind die *Ramblas* eine Abfolge von Alleen, fünf Straßenabschnitte mit verschiedenen Namen, die immer anders ausschauen. Die *Rambla de Canaletes* ist der erste Teil gleich an der *Plaça de Catalunya*, der schöne Brunnen, der sich fast am Anfang befindet, ist zauberhaft. Der Legende zufolge bleibt derjenige, der sein Wasser trinkt, für immer in Barcelona. Der Name der antiken Universität, die Philipp V. nach Cervera verlegte, blieb im zweiten Teil der *Ramblas* erhalten, der *Rambla dels Estudis*, wo man heute auf die Käfige der Vogelverkäufer stößt. Die Barockkirche ***Mare de Dèu de Betlem*** (Kirche von Bethlehem, aus dem 18. Jh.) und der ***Palau Moja*** (18. Jh.) bezeichnen das Ende dieses *Rambla*-Abschnitts. Hier beginnt der schönste und lebendigste Teil der *Ramblas*: die *Rambla de Sant Jo-*

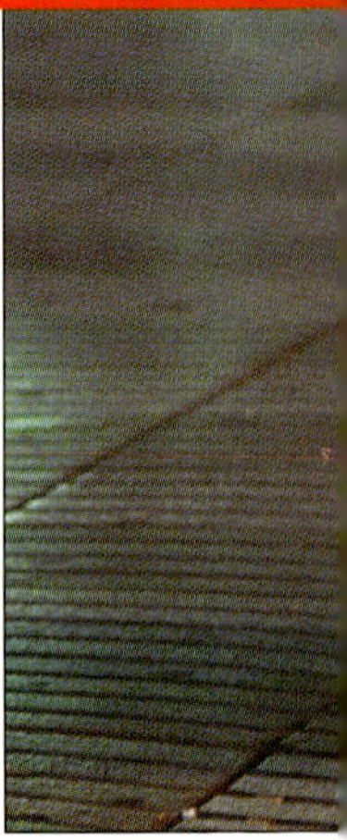

sep, heute wegen der vielen Blumenhändler in *Rambla de les Flors* umgetauft. Auf den Seiten liegen der volkstümliche ***Mercat de la Boquería*** (eine Kolonnade mit Eisendach) und der ***Palau de la Virreina***, in dem das *Museu-Gabinet Postal* untergebracht ist, das für Wechselausstellungen dient. Der *Llano de la Boquería*, eine laute und verwirrende Querstraße der *Ramblas*, unterbricht die *Rambla de les Flors* und leitet über zur *Rambla dels Caputxins*, wo sich das wichtigste Theater von Barcelona befindet, das ***Gran Teatre del Liceu***, neben der Kirche *San Pau del Camp*. Die *Calle Conde del Asalto*, rechts von den *Ramblas*, führt zum ***Palau Güell***, einem Werk von Antoni Gaudí, in dem heute das *Museu des Arts de l'Espectacle* untergebracht ist. Diese kleine Straße bildet eine der Grenzen des *Barri Xino* (des Chinesenviertels).
Die *Rambla de Santa Mónica*, der letzte Abschnitt der Allee, endet direkt an der Säule des Kolumbus-Denkmals, wenige Schritte vom Eingang zum Hafen von Barcelona.

Oben, die Fassade des Palau de la Virreina.
In der Mitte, das Schild der Bouquería.
Unten, das Gran Teatre del Liceu.

PALAU DE LA VIRREINA - Mit diesem Bau auf der *Rambla de les Flors* wurde 1772 der Architekt Carles Grau vom Vizekönig Perus beauftragt, der während der Arbeiten verstarb. In den 1778 vervollständigten Palast zog die Gemahlin von Felipe, Maria Francisca de Fivaller ein und nach ihr, der Vizekönigin von Peru, heißt er *Palau de la Virreina*. Das Gebäude wurde in ein Ausstellungszentrum verwandelt und beherbergt heute das *Gabinet Numismàtic* und das *Gabinet Postal* (mit Münzensammlungen von der Antike bis zur Moderne und Briefmarkensammlungen).

MERCAT DE LA BOQUERÍA - Barcelonas *Mercat de la Boquería* ist besonders typisch. Auf ihm kann man fast alles kaufen, Gemüse, Fisch, Obst und die verschiedenartigsten Lebensmittel, aber immer ausgesprochen frisch. Doch stößt man hier vor allem auf bizarre Händler, die schreiend ihre Ware anbieten, mit den Käufern diskutieren und für ihre Produkte werben, ein hinreißendes Schauspiel.

GRAN TEATRE DEL LICEU - Dies ist eines der berühmtesten Theater der Welt, es zählt zu den besten Europas, was die Akustik anbelangt und es kommt an zweiter Stelle, nach der Scala von Mailand, was die Menge der Sitzplätze anbelangt. Der Bau auf der *Rambla dels Caputxins* wurde 1845 vom Architekten Miguel Garriga y Roca begonnen, an der Stelle, an der sich seit 1638 das Kloster *La Bona Nova* befand. Nach dem Brand von 1861 wurde das Theater restauriert. Im Januar 1994 wurde es erneut durch einen Brand verwüstet, auch diesmal gelang, mit der Hilfe der Institutionen, die Wiedergeburt: Heute spielen die Opernsaison und die Konzerte klassischer Musik eine große Rolle.

Die Gruppe der Drei Grazien *beherrscht den Brunnen inmitten der eleganten Plaça Reial.*

PLAÇA REIAL

Klassizistische Bögen mitten im alten Viertel Barcelonas, Fassaden nach dem Vorbild der französischen Städte der napoleonischen Zeit, Palmen und ein Brunnen, der von den *Drei Grazien* bekrönt wird, das ist die *Plaça Reial*, ein romantischer Ort, an den man sich vom lauten Betrieb der *Ramblas* zurückziehen kann. Der Platz wurde nach den Plänen von Daniel Molina gestaltet, dem man auch die Häuser mit Laubengängen zu verdanken hat, die den *Mercado de la Boquería* umgeben. Auch Antoni Gaudí beteiligte sich mit einer seiner ersten Arbeiten, er entwarf die interessanten Pfostenlampen. Sonntags belebt sich der Platz mit Neugierigen, Liebhabern und Sammlern, weil hier ein Briefmarken- und Münzenmarkt abgehalten wird.

PALAU GÜELL - Den *Palau Güell* entwarf Antoni Gaudí 1885-1890 für den katalanischen Industriellen Eusebi Güell und heute gilt er als eines der Gebäude, das die UNESCO als "Weltkulturerbe" unter ihren Schutz gestellt hat. Wegen der originellen Form, der Mosaike und Kamine wurde er zu einem der Symbole Barcelonas.

MUSEU DE CERA

Ganz in der Nähe von Portal de la Pau kann man das interessante *Museo de Cera* (Wachsfigurenkabinett) besichtigen. Diese wohlbekannte Institution zeigt eine Reihe von mehr oder weniger bekannten Persönlichkeiten, die mit viel Charakter in Wachs reproduziert sind. Die mehr als 300 Figuren erscheinen in einem dazu passenden, gelungenem Ambiente.

PORTAL DE LA PAU

Das Friedenstor (*Portal de la Pau*) ist die natürliche Mündung der langen *Ramblas*-Alleen, ein großer Platz und Hauptverkehrspunkt Barcelonas. Er bildet den Grenzpunkt zwischen der mittelalterlichen Stadt und dem Hafen und befindet sich an der Kreuzung zwischen dem *Passeig de Colom* und der *Avinguda del Paral·lel*, der Straße, die zum Castell de Montjuïc weiterleitet. In der Mitte von *Portal de la Pau* steht das *Kolumbus-Denkmal*, eines der berühmtesten Symbole der katalanischen Hauptstadt, das an die Rückkehr des italienischen Schiffahrers von den Küsten der Neuen Welt und an sein Treffen mit den Herrschern Spaniens im *Saló de Tinell* des königlichen Palastes in Barcelona erinnert. Ironie des Schicksals, die Entdeckung Amerikas, die sich ausgerechnet der katalanische König wünschte, bedeutete den baldigen Niedergang von Barcelonas Hafen. Das Denkmal wurde gemäß eines Entwurfs von Gaietá Buïgas errichtet und besteht aus einer 51 Meter hohen Eisensäule, welche man im späten Frühjahr 1888 eingeweihen konnte. Die Bronzestatue des Kolumbus ist ihrerseits 8 Meter hoch. Ein Aufzug führt zur Säulenspitze und bietet eine schöne Aussicht auf den Hafen von Barcelona. Rings um *Portal de la Pau* liegen einige wichtige Gebäude: Hinter dem Kolumbus-Denkmal befin-

Plaça Portal de la Pau mit der Denkmalssäule des Christoph Columbus.

CHRISTOPH COLUMBUS (1451-1506)

Der Genueser Seefahrer in Diensten Spaniens, landete 1492 auf den Bahamas. Jedoch starb er ohne zu wissen, dass er einen neuen Kontinent entdeckt hatte.

Porträt des Christoph Columbus.

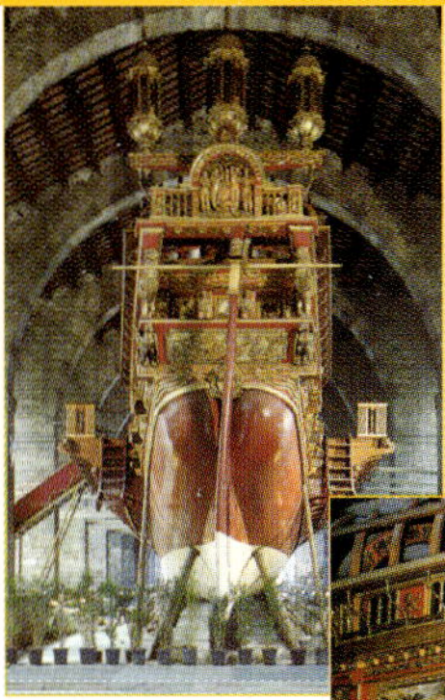

DRASSANES REIALS

Seitlich von *Portal de la Pau*, befinden sich die *Drassanes*, die königlichen Arsenale oder Schiffswerften der großen katalanischen Marine des Mittelalters. Das Kerngebäude entstand auf Anordnung Jakobs I., der diese Werften anlässlich des Krieges gegen die Sarazenen um die Vorherrschaft über die Balearen einrichtete. Die ursprüngliche Struktur wurde von Peter III. erweitert. Das geschah als Barcelona über das Mittelmeer herrschte, im goldenen Zeitalter der Seemacht Katalonien. Die königlichen Werften arbeiteten jahrhundertelang in vollem Rhythmus, 30 Segelschiffe konnten gleichzeitig gebaut werden. Mit der Entdeckung Amerikas wurde die katalanische Hauptstadt jedoch von den neuen Reisewegen zur Neuen Welt ausgeschlossen und überflügelt. Die Schiffswerften wechselten im Laufe der Zeit Besitzer und Bestimmung, bis die Stadt 1941 beschloss, dort das *Museu Maritim* unterzubringen. In diesen enormen Räumlichkeiten war es möglich, die Nachbildung des Admiralschiffes der christlichen Flotte in der Schlacht von Lepanto (1571) gegen die Türken zu zeigen. Die königliche Galeere des Admirals Johann von Österreich baute man seinerzeit in eben diesen Werften. Die Rekonstruktion entstand 1971, als Barcelona das vierte Jahrhundert dieses Sieges feierte. Das Marinemuseum enthält auch archäologische Funde, Seekarten, kleine Modelle von Fischerbooten und Frachtern, Keramiken, Galionsfiguren, und einen *Atlas* von 1493, der Amerigo Vespucci gehörte. Im Hintergrund des Hafens erkennt man Barceloneta, ein Seefahrerviertel, das einer Stadterweiterung des 18. Jahrhunderts zu verdanken ist.

Museu Maritim, die Rekonstruktion der Galeere des Johann von Österreich und ein Detail der prächtigen Dekoration, die dessen Flanken verziert.

den sich die ***Drassanes Reials*** (Königlichen Arsenale), die das ***Museu Maritim*** enthalten, die *Zollbüros* liegen auf der entgegengesetzten Seite des Platzes, in einem Bau des Architekten Enric Sagnier (Ende des 19. Jahrhunderts). Am *Portal de la Pau* befinden sich auch der *Palast der Militärverwaltung* und die Hafenbüros. Am Anfang der *Paral-lel*, die *Portal de la Pau* mit der *Plaça de Espanya* verbindet, sieht man einen Teil der Stadtmauern aus dem 15. Jahrhundert, mit der *Puerta de Santa Madrona,* dem einzigen noch erhaltenen Tor dieses Teils der Mauern.

Die mächtigen Gebäude der Zollverwaltung vom Ende des 19. Jahrhunderts.

Hospital de la Santa Creu i de Sant Pau, einer der modernen Pavillons und der Lesesaal in der Biblioteca de Catalunya.

HOSPITAL DE LA SANTA CREU - Das *Hospital de la Santa Creu* ist eine alte Gebäudegruppe im früheren Krankenhausviertel, gleich neben den Rambles. Der Grundstein wurde 1401 an einer Stelle gelegt, an der sich bereits vier Krankenhäuser befanden, zwei religiöse und zwei weltliche. Der ursprüngliche Kern des *Hospital de la Santa Creu i de Sant Pau* wurde 1415 beendet, 1509 erweitert und 1638 neu aufgebaut. Am Ende des 19. Jahrhunderts erkannte man den zunehmenden Bedarf der Stadt und fand für das Krankenhaus geeignetere Gebäude (ein eleganter Entwurf von Lluís Domènech i Montaner, finanziert aus dem Nachlass des Bankiers Pau Gil). Im ehemaligen *Hospital de la Santa Creu* richtete man, unter anderem, die herrliche *Biblioteca de Catalunya* ein.

SANT PAU DEL CAMP - Laut einigen Quellen lebte auf den Feldern zwischen der Altstadt und dem Hügel Montjuïc eine Gemeinschaft von Benediktinermönchen. Wahrscheinlich wurde ihr Kloster in den Jahren der arabischen Vorherrschaft zerstört. Auf diesen Ruinen baute man Anfang des 12. Jahrhunderts die romanische Kirche *Sant Pau del Camp*, eine der schönsten Kirchen Barcelonas. Der eigentliche Kirchenbau geht auf das Jahr 1117 zurück, der Kapitelsaal und das Pfarrhaus wurden ein Jahrhun-

Sant Pau del Camp, die Außenansicht und ein Blick in den eindrucksvollen, romanischen Kreuzgang.

La Llotja, der gotische Verhandlungssaal mit der wundervollen Kassettendecke.

dert später erbaut, und der Glockenturm stammt aus dem 18. Jahrhundert. Aber das wahre Prunkstück von *Sant Pau del Camp* ist der *Kreuzgang*. Sein Bogengang und sein Garten bilden einen weiteren, den Barcelonern wohlbekannten Zufluchstort.

LA LLOTJA - Am Ende des *Passeig de Colom*, steht *La Llotja*, in der sich früher die Börse und die Kunstakademie befanden (Picasso und Joan Miró waren Schüler der Akademie), heute ist der Bau Sitz der Handelskammer und anderer Ämter. Die Fassade schuf der Architekt Joan Soler i Faneca, der dem Palast in der zweiten Hälften des 18. Jahrhunderts klassizistische Formen gab. In Wirklichkeit hat der *Llotja*-Palast eine ältere Vorgeschichte, denn er wurde im 14. Jahrhundert zwischen 1380 und 1390 als überdeckter Markt errichtet, das erste Gebäude dieser Art in Spanien. Im 15. Jahrhundert diente er als Zollamt und als Marinekonsulat. Von dieser frühen Architektur erhielt sich der gotische Verhandlungssaal, sechs Bögen unterteilen den Raum in drei Schiffe und tragen die farbige Kassettendecke.

BASÍLICA DE LA MERCÈ - Am *Passeig de Colom* steht eine kleine barocke Kirche, die zwischen 1765 und 1775 erbaut wurde, die *Basílica de la Mercè*. Joseph Mas, der Planer, verwendete die gotischen Überreste der Kirche St. Michael. Die Basilika war einst das Heiligtum des Klosters der Barmherzigen Brüde, das heute von der *Capitanía General* besetzt wird. In der Basilika verehrt man die *Virgen de la Mercè* (Gnadenmadonna), eine erlesene Holzstatuette mit goldenen Kleidern, von Pere Moragues im 14. Jahrhundert geschnitzt. Die *Virgen* ist, zusammen mit der "*Moreneta*" von Montserrat, die Schutzpatronin von Barcelona. Ende September, in den ersten Herbsttagen, feiert die ganze Stadt ihre Schutzpatronin. Es ist das schönste Fest im Jahr, ein freudiges, zugleich religiöses und weltliches Ritual, das die Grenzen der Kirche überschreitet und sich auf den Straßen und Plätzen fortsetzt.

Basílica de la Mercè, die barocke Fassade und die Holzstatuette der Virgen de la Mercè, Schutzpatronin der Stadt.

Don Quijote und Sancho Panza in einer Szene, die auf eine Kachel an der Plaza de España in Sevilla gemalt ist.

MIGUEL DE CERVANTES SAAVEDRA (1547-1616)

Der spanische Dichter und Erzähler ist der Autor des ersten Romans der Neuzeit *Don Quijote von der Mancha* (1605-1615), welcher die Atmosphäre des barocken Zeitalters widerspiegelt, als alle großen Ideale der Renaissance zum Untergang bestimmt waren. Der Romanheld, der mit Ungestüm seine Prinzipien verfolgt, kann nicht anders, als auf groteske und komische Weise den Kontakt mit den Dingen und den Menschen zu verlieren.

PASSEIG DE COLOM - Der *Passeig de Colom* ist die Meerespromenade von Barcelona. Sie läuft an der Hafenzone entlang und führt von der *Plaça d'Antoni López*, am äußersten Ende des *Barceloneta*-Viertels, zu den Hängen des Hügels Montjuïc. Auf dieser großen Allee, die über vierzig Meter breit ist, kann man trotz des Verkehrs in Ruhe spazierengehen. Sie ist ein historischer Ort Barcelonas. Der Legende nach soll Miguel de Cervantes, Autor des *Don Quijote*, an der Nummer 33 des *Passeig de Colom* gewohnt und in der katalanischen Stadt sein Meisterwerk vollendet haben. Auch sein Held vergaß nicht, Barcelona zu besuchen, und wunderte sich über die düstere und makabre Atmosphäre jener Jahre. Vom *Portal de la Pau* kommend führt der *Passeig de Colom* an der *Plaça del Duc de Medinaceli* vorbei. Schlichte Häuser des 19. Jahrhunderts säumen diesen mit Bäumen bepflanzten Platz mit dem *Denkmal des Admirals Galcerán Marquet*, ein Werk von Daniel Molina. Auf dem *Passeig de Colom*, innerhalb der alten Mauern des Klosters der Barmherzigen Brüder, steht auch der *Palast der Capitanía General*. Die lange Allee endet an der *Plaça d'Antoni López*, auf welche die schöne *Plaça del Palau* folgt. Die *López-Statue*, ein Werk Venancio Vallmitjanas, steht in der Mitte des Platzes und an einer Seite des Platzes befindet sich das große *Gebäude des Post- und Fernmeldewesens*.

Ansicht der Plaça del Palau.

Der Triumphbogen, monumentaler Eingang zum Parc de la Ciutadella.

DIE CIUTADELLA

Der Stadtpark *Ciutadella* liegt zwischen dem *Barceloneta*-Viertel und dem *Passeig de Sant Joan.* Die *Ciutadella* hat eine Fläche von fast 300 Hektar. Alleen, Wiesen, Statuen, Gärten, kleine Seen, Wasserfälle und Paläste bilden den nach den Regeln der Landschaftskunst vom Ende des 19. Jahrhunderts geformten Park. Er heißt nach der Militärzitadelle, die zwischen 1715 und 1718 von Philipp V. angelegt wurde. Der neue König wollte nach dem Sieg im Erbfolgekrieg Barcelona bestrafen, da es sich mit seinen Gegnern verbündet hatte. Nach der Eroberung der Stadt (1714) schloss er das katalanische Parlament, verbot die katalanische Sprache und ebnete das Wohnviertel *Ribera* ein, um dort die *Ciutadella* zu bauen. 1808 nahmen die Franzosen die Festung in Besitz und erst 1869 kam der Grund, auf dem sich nur noch Ruinen befanden, wieder an Barcelona. Damals entstand der Plan des Stadtparks. Das Projekt stammt vom Architekten Josep Fontsere unter Mitarbeit von Josep Vilaseca i Casanovas, aber erst 1888 erhielt der Park, dank der Weltausstellung, die dann in den Gärten der *Ciutadella* abgehalten wurde, sein prunkvolles Aussehen. Der **Triumphbogen** diente als Eingang zur Weltausstellung. Er erhebt sich am Ende des *Passeig de Sant Joan.* Es handelt

Detail des Triumphbogens mit dem Wappen, das das Fries von Josep Llimona bekrönt.

MUSEU D'ART MODERN

Das *Museu d'Art Modern* wurde 1945 eingeweiht, es ist der katalanischen Malerei und Plastik des 19. und 20. Jahrhunderts gewidmet. Viele Werke des Malers Marià Fortuny aus Tarragona sind in diesem Museum aufbewahrt, außerdem Arbeiten von Isidre Nonell und Gemälde von Josep-Maria Sert sowie von Joan Miró, Salvador Dalí (ein *Porträt des Vaters*) und eine surrealistische Arbeit von Antoni Tàpies.

SALVADOR DALÍ (1904-1989)

Der äußerst schaffensfrohe, avangardistische Maler und Bildhauer suchte stets nach dem andersartigen, wollte provozieren und sorgte stets für Diskussionen. Mit seiner Geburtsstatdt Figueres blieb er für immer verbunden, er studierte an der Kunstakademie in Madrid und war offen für alle Kunstströmungen, Kubismus, Futurismus, Pittura Metafisica und Surrealismus und er setzte sich auch mit Film und Literatur auseinander. Eine solch vielseitige Persönlichkeit fand natürlich sofortigen und zunehmenden Erfolg (1919 hatte er seine erste Ausstellung) und als er in Figueres verstarb, galt er als einer der interessantesten Künstler des 20. Jahrhunderts.

MUSEU DE ZOOLOGIA

Das *Museu de Zoologia* bildet zusammen mit dem *Museu de Geologia* das *Museu de Ciències Naturals de la Ciutadella* und ist dem natürlichen Erbe Kataloniens verpflichtet. Das als "Drei-Drachen-Burg" bekannte Gebäude ist ein Werk des Architekten Domenèch i Montaner und diente ursprünglich als Cafè für die Weltausstellung von 1888.

sich um ein 30 Meter hohes Bauwerk, von Josep Vilaseca im arabisch-christlichen *Mudéjar*-Stil des 12. Jahrhunderts entworfen. Von dort führt der *Passeig de Lluís Companys* mitten in den Park. Dort stehen die alten Arsenale, die erst Königlicher Palast und 1932 **Katalanisches Parlament** wurden. Heute beherbergt dieser klassizistische Bau auch das ***Museu d'Art Modern***. Im Park prunkt die klassizistische *Cascada Monumental*. Sie stammt vom Architekten Josep Fonsterè, aber auch ein Student namens Antoni Gaudí leistete seinen Beitrag. Die Kaskade umgibt einen Brunnen mit Statuen von Venanci Vallmitjana, die *Quadriga der Aurora* schuf Rosend Nobás (1882). Das **Geologische Museum** (***Museu Martorell***), enthält mineralogische und paläontologische Sammlungen und der **Zoologische Garten** ist gut besucht. Der gesamte Park ist mit Statuen übersät. Neben einer bronzenen, Walt Disney gewidmeten *Gazellengruppe* von Nurja Tortras begegnet man am

Eingang des *Passeig de Lluís Companys* dem Obelisken, der *Ruis y Taulet* gewidmet ist, dem Bürgermeister der Weltausstellung. Man beachte auch das Denkmal der *katalanischen Freiwilligen* im 1. Weltkrieg. Die berühmteste Statue ist jedoch eine Dame mit einem Sonnenschirm, die *Dama del paraigua*, ein Werk von Roig i Solé (1884), das über zwei Brunnenschalen steht, ein besonders romantisches Symbol Barcelonas.

Oben die mächtige Cascada Monumental. Links der berühmte Brunnen mit der Dama del paraigua.

JOAN ROIG I SOLÉ (1835-1918)

Er wurde in Reus geboren, derselben Stadt in der 1852 Antoni Gaudí zur Welt kam. Joan Roig i Solé war vor allem als Marmorbildhauer und wegen seiner glücklichen Erfindungskraft geschätzt. Zur offiziellen Bestätigung seiner Verdiente ernannte man ihn zum Mitglied der Akademie für Wissenschaft und Kunst in Barcelona, wo er 1918 verstarb.

DAS MACBA

In den letzten Jahrzehnten entwickelte sich in Barcelona immer mehr Interesse für Kultur und Kunst, ein deutliches Signal setzt das ***MACBA, Museu d'Art Contemporani de Barcelona***, das an der *Plaça dels Ángels* in einem eleganten weißen Gebäude untergebracht ist, das Richard Meier eigens für diesen Zweck entworfen hat. Diese Architektur, ihrerseits bereits ein Kunstwerk, entstand als Initiative der Stiftung *Museu d'Art Contemporani*, des Stadtrates von Barcelona und der Regionalregierung von Katalonien. Das Museum

DE BARCELONA

Die Innenräume des MACBA (Museu d'Art Contemporani de Barcelona) sind ihrerseits ein großformatiges, innovatives Kunstwerk.

wurde 1995 eingeweiht und beseitigte einen institutionellen Mangel zu Gunsten der zeitgenössischen Kunst. Es ist der internationalen Kunst seit der Nachkriegszeit gewidmet, richtet aber auch ein besonderes Augenmerk auf die spanischen und insbesondere auf die katalanischen Künstler. In eigenen Sälen ist die ständige Sammlung untergebracht, die fortgesetzt erweitert wird, andere Räume dienen für Wechselausstellungen. Aber das Museum hat auch ein reichhaltiges didaktisches und pädagogisches Programm, veranstaltet Vorträge, Film- und Videovorführungen und multimediale Ereignisse.

Die Casa de la Caritat, heute Sitz des CCCB und rechts einige Innenansichten.

CENTRE DE CULTURA CONTEMPORÀNIA

Das *Centre de Cultura Contemporània de Barcelona*, auch CCCB genannt, ist eine interdiziplinäre Institution, offen für neue Richtungen und Tendenzen, hier werden Ausstellungen, musikalische Ereignisse, Balettvorführungen, Diskussionen, Lesungen und Expeditionen zur Erkundung Barcelonas organisiert. Dieses Zentrum soll sich vor allem mit der Stadt und ihren Problemen auseinandersetzen (Sozialwesen, Urbanistik, Kultur), die mit der rapiden Entwicklung zusammenhängen. Das CCCB ist in der *Casa de la Caritat* untergebracht, ein altes Bauwerk im Gebiet von *Raval*, wo es im Februar 1994 seine Pforten öffnete. Diese öffentliche Einrichtung ist eine Art "Konsortium" zwischen der *Diputació de Barcelona* und dem *Ajuntament de Barcelona*, die beide die Kultur Barcelonas neu definieren wollen, was von der örtlichen Verwaltung stark gefördert wird. Das Kürzel CCCB steht auch für die drei wichtigsten Bezugspunkte des Zentrums: "Stadt, Kreation und Kultur in Barcelona". In der Gewissheit, dass diese Stadt in ihrer komplexen urbanen Wirklichkeit, die eng mit der Vergangenheit verbunden ist, aber auch voller Enthusiasmus die Zukunft mit einbezieht, bisher nicht erhoffte neue Resourcen für die künstlerische Kreativität bereitstellen könnte, möchte sie sich aber auch als ideale Residenz und Laboratorium für einen ständigen Austausch von Ideen, Intuitionen und Entdeckungen verstehen, so wie sie in allen Teilen der Welt weiterentwickelt werden.

DIE HAFENFRONT

Das außergewöhnliche Sanierungsprogramm, das in den letzten Jahrzehnten im Hafengebiet von Barcelona Anwendung fand, ließ drei Erneuerungsmaßnahmen, ***Port Vell***, ***Barceloneta*** und ***Port Olímpic*** entstehen. Auf diese Weise hat die Stadt sich wieder ihr Meer nutzbar gemacht und damit auch 5 km Strän-

de, die an drei verschiedenen Küstenabschnitten liegen. In *Barceloneta* gibt es die Strände *San Sebastià* und *Barceloneta*, die *Vila Olimpica* hat die Strände *Nova Icària* und *Bogatell*; *El Poblenou* die Strände *Mar Bella* und *Nova Mar Bella*. Diese Strände erhielten von der Europäischen Gemeinschaft die begehrte Anerkennung "Blaue Fahne", nicht nur wegen der Wasserqualität und

Die Lokale von Barceloneta, die Boote zwischen den alten Kais, moderne Kunstwerke und avantgardistische Architektur; hierin steckt der Reiz der neuen Hafenentwicklung Barcelonas.

FORUM 2004: EINE HERAUSFORDERUNG FÜR DIE ZUKUNFT

Dank der urbanistischen Reform, die anlässlich des ersten Universalen Kulturforums für 2004 vorgeschlagen wird, erscheint Barcelona wieder einmal als eine der lebhaftesten europäischen Metropolen, denn man kann damit rechnen, dass es seine historisch-katalanische Identität mit der Modernisierung zu verbinden weiß. Am Ende von *Avinguda Diagonal* wurde der ***Parc de Diagonal Mar*** eröffnet, eine Grünanlage von 14 ha mit Seen, Brunnen und Sportanlagen. Das ehrgeizige **Projekt *"Diagonal Mar"*** soll bei einer Ausdehnung von 34 ha drei Luxushotels, ein Einkaufszentrum mit 240 Geschäften, ein unterirdisches Parkhaus mit 5000 Einstellplätzen und verschiedene Wohnanlagen enthalten. An der Kreuzung zwischen Avinguda Diagonal und Calle de Prim erhebt sich das Wahrzeichen des Forums, eine Art dreieckiges Prisma der Schweizer Architekten Herzog und De Meuron mit Sälen für Konferenzen und Ausstellungen. Eine unterirdische Passage verbindet das Forum mit dem ***Centro Internacional de Convenciones***, das Josep Lluís Mateo entwarf; mit seinen 68.000 qm gilt es als das größte Kongresszentrum Europas. Als Vorbild dienten die amerikanischen Kongresssäle, in denen ein großer, horizontaler Körper den Zustrom von Tausenden von Menschen fassen kann. In diesem grandiosen Bauprojekt fanden auch der ***Pabellón de la Biodiversidad*** Platz, der der Populärwissenschaft vorbehalten ist und ein neuer **Meeres-Zoo**. Schließlich soll die ***Explanada del Forum*** mit ihren 150.000 qm der zweitgrößte Platz der Welt werden, nur der Tienanmen in Peking ist noch größer.

dem Sandstrand, sondern auch wegen der Anlagen und der Dienstleistungen. Im Hafengebiet von Barcelona trifft man auf ***Barceloneta***, ein charakteristisches Fischerdorf - auch wenn es ursprünglich für diejenigen bestimmt war, die wegen des Baus der *Ciutadella* keine Wohnung mehr hatten. Die zwei- oder dreistöckigen Häuschen baute 1753 Juan Martín de Cemeño, heute sind sie vor allem wegen bestimmter *Restaurants* bekannt, wegen der *typischen Gasthäuser* und den bezaubernden *Cafès am Hafen*. Hier ankert immer noch eine ansehnliche Fischfangflotte. Um diese Stadt, die sich zum Meer hin öffnet, besser genießen zu können, sollte man eine Rundfahrt auf den *"Golondrinas"* buchen, das sind Touristenboote mit Außenbordmotor, die sich großer Beliebtheit erfreuen, sie sind auch in beengten Verhältnissen beweglich. Es gibt auch größere Boote, die sich *Golondrinas "tipo catamarano"* nennen. Den Reiz des Hafens machen auch hochmoderne Bauwerke wie das ***World Trade Center*** aus, das von der berühmten Architektengruppe Pei Cobb

DER SEILBAHNTURM VON BARCELONETA

Vom Meer aus, an Bord der Touristenboote, nimmt man ein ganz anderes Stadtpanorama in sich auf als die der Perspektive der *Torre Sant Sebastià* am äußersten Ende von *Barceloneta*. Vom Turm und der Seilbahn hat man einen atemberaubenden Blick auf das Hafengebiet. Diese Stahlkonstruktion ist 80 m hoch und wurde zu Beginn des 20. Jahrhunderts gebaut, um zwei historische Endpunkte der Stadt miteinander zu verbinden. An der Basis hat der Turm eine Seitenlänge von 14,5 m, an seiner Spitze enthält die untere Ebene die Motoren für die Seilbahn und den Aufzugsschacht, die obere Ebene ein Restaurant. Von *Barceloneta* gleitet die Seilbahn bis zum *Montjuic*, mit einem Fahrplan, der sich je nach Jahreszeit ändert. Man "fliegt" über das *World Trade Center* hinweg und landet an der *Torre de Jaume*, einer ersten Haltestelle. Im Oktober 1998 erneuerte die Gesellschaft "Teleféricos de Barcelona" den Turm und die Seilbahn, welche noch heute der Stolz des neuen Hafengebiets von Barcelona ist.

Freed & Partners entworfen wurde. Seine Silhouette, einem Schiff ähnlich, erhebt sich vor der *Moll de Barcelona*. Die vier gekrümmten Gebäude umgeben einen Innenhof von 2500 qm, auf den sich Arkaden öffnen. Den erhöhten zentralen Patio beleben Wasserspiele. Drei dieser Bauten dienen als Büros, im vierten ist das *Grand Marina Hotel* untergebracht.

Das ultramoderne World Trade Center.

Das Areal von ***Port Vell*** war früher ein abgewirtschaftetes Viertel, heute strahlt es in frischem Glanz als Teil der urbanistischen Erneuerung, die in Barcelona anlässlich der Olympiade von 1992 einsetzte.
Der direkte Zugang zum Meer ist vielleicht der bedeutendste, in die Zukunft gerichtete Schritt gewesen. Die Stadt am Meer war für Jahre von ihrem Meer abgeschnitten, verspürte nur dessen Geräusch und den Geruch, ohne es wirklich zu erleben. Man nannte Barcelona auch das "katalanische Manchester", denn wie die englische Stadt hatte es sich nur ins Innere entwickelt, mit dem Rücken zum Meer.
Heute erstreckt sich *Port Vell* über eine Fläche von über 55 Hektar, ist ein lebendiger Teil der Stadt, der im Bereich von Kultur, Spiel und Sport viel zu bieten hat. Wenige Schritte von den gotischen Gebäuden und den Meisterwerken eines Picasso oder Gaudí entfernt locken die modernen Sportanlagen der *Marina Port Vell* tausende von Besuchern und Liebhabern des Meeres an. Das pulsierende Zentrum von *Port Vell* ist sicherlich das ***Maremagnum***, ein elegantes Bauwerk, das Helio Pinon, Albert Viaplana, Rafael Coll und Ricard Mercadé entwarfen, mit Betonung der horizontalen Linien und transparentem Erscheinungsbild. Dieses großartige Einkaufszentrum direkt am Meer ist alle 365 Tage des Jahres geöffnet und enthält Geschäfte, Restaurants und ein Kino mit mehreren Vorführsälen. Neben dem Maremagnum stößt man auf die ***Rambla de Mar***, eine Hängebrücke mit wellenförmiger Linienführung, die die *Moll d'Espanya* mit der *Moll de la Fusta* verbindet. Auch sie wurde von Pinon und Viaplana entworfen und 1994 eingeweiht. Sie ist die ideale Fortsetzung der älteren *Rambla*, fast eine symbolische Vereinigung mit jenem Meer, dem sich Barcelona so lange Zeit nicht zugewandt hatte.

Einige der hochmodernen Anlagen, die das Areal von Port Vell behrrschen und beleben: das Maremagnum mit seinem Kino und die Rambla de Mar.

AREMAGNUM

CINES
CINES MAREMAGNUM

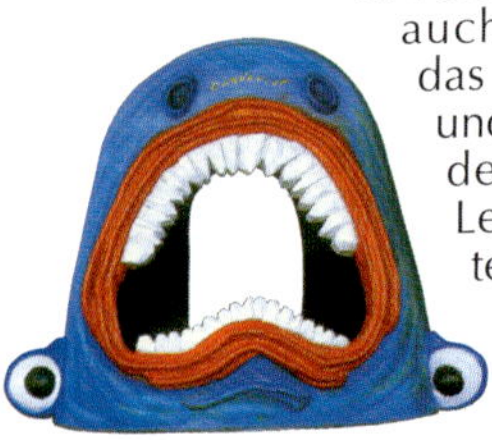

In Port Vell befindet sich auch das ***Aquàrium***, das größte in Europa und das weltweit bedeutendste für die Lebewesen des Mittelmeeres. Es ist in mehrere Sektionen unterteilt, in denen man die verschiedenen *Habitat* unseres Planeten bewundern kann (8000 Lebensformen des Meeres in 300 Arten unterteilt). Die Hauptattraktion des Aquàriums ist ein 80 m langer gläsener Tunnel, durch den der Besucher in das geräuschlose und magische Universum des *Oceanariums* eintaucht.

Das Aquàrium mit seinen Farbenspielen und der modernen Linienführung ist eine der Hauptattraktionen von Port Vell.

HAIE

Die Haie sind gewaltige Raubfische, die bis zu 70 m tief tauchen können. Sie umgibt ein ziemlich schlechter Ruf, denn wenn ein Fisch von einer Harpune getroffen wird und sich Blut verlierend wehrt, wird der Hai von den Bewegungen des verletzten Fisches erregt und angelockt und wendet sich gegen den Unterwasserjäger. Die häufigen, wenig glücklichen Zusammenstöße zwischen Haien und Tauchern haben den Hai als einen gnadenlosen und blutgierigen Räuber verteufelt. Aber seit in den meisten Orten der Tropen die Unterwasserjagd verboten worden ist, kann man entdecken, dass sich das Verhalten der Haie vollkommen verändert hat. Scheu und misstrauisch lassen sie sich kaum annähern und entfernen sich sofort, wenn ein Mensch sie zu verfolgen versucht. Bei der Betrachtung dieser Fische in einem Aquarium wie dem von Barcelona, wo der Besucher von außen direkt in ihr Ambiente vordringt, fallen ihm Eigenschaften auf, die vorher nebensächlich waren. Wenn man die Haie unter Wasser beobachtet, erkennt man, mit welcher Grazie sie sich bewegen und mit welch eleganter Kraft sie als die wahren Herren des Meeres auftreten. Und dies ist nur eine der außergewöhnlichen Erfahrungen, die das *Aquàrium* zu bieten hat.

Grauhai (Carcharhinus amblyrhynchos).

l'aquàrium

IMAX PORT VELL

Imax Port Vell oder die wahre Revolution im Kinematographie-Format, mehrere Vorführsäle mit drei verschiedenen Projektionssystemen: Imax, Omnimax und 3D. Bei dem ersten System wird der Film auf einen flachen, 21 m hohen Bildschirm projektiert, was der Höhe eines siebenstöckigen Hauses entspricht, mit einer Oberfläche von gut 600 qm. Mit dem System Omnimax projektiert man auf einen halbkreisförmigen Bildschirm, der den Betrachter umhüllt und in die Mitte der Handlung versetzt. Das System 3D schließlich setzt auch polarisierte Brillen ein und Vorführgeräte mit hochentwickelter Technologie werfen den Film auf den Imax-Bildschirm. Dazu gehört eine digitale Beschallungsanlage von 27.000 Watt.

MUSEU D'HISTÒRIA DE CATALUNYA

Eine bedeutende Hafenarchitektur, die alten Magazine des Hafens von Barcelona, 1901 vom Ingeneur und Architekt Elies Rogent eingerichtet, enthalten das *Museu d'Història de Catalunya*. Dieses Museum ist von grundlegender Bedeutung für die Überlieferung und Kultur des Landes und bietet eine interaktive Reise durch die Geschichte Kataloniens. Der Rundgang ist chronologisch aufgebaut, von der Vorgeschichte bis heute, mit acht Sektionen: "Die Anfänge", "Die Geburt einer Nation", "Unser Meer", "An der Peripherie des Reiches", "Die Grundlagen der Industriellen Revolution", "Dampf und Nation", "Die Jahre der Elektrifizierung", "Niederlage und Neugeburt". Das Museum verfügt auch über eine reich ausgestattete Mediathek und verbindet geschickt die publikumsfreundliche Populärwissenschaft und die strenge Wissenschaft mit dem Einsatz von Zeichnungen, historischen Rekonstruktionen, Objekten und audiovisuellen Dokumenten.

Unten zwei Ansichten der alten Hafenmagazine, die für das Museu d'Història de Catalunya ausgebaut wurden.

Die beiden Hochhäuser am *Carrer de la Marin*, die auch als Zwillingstürme bekannt sind, bilden den monumentalen Zugang zum Gebiet des ***Port Olímpic***. Die ***Torre Mapfre***, 43 Stockwerke mit Büroräumen, ist 154 m hoch und wurde 1992 von den Architekten Inigo Ortiz und Enrique Leòn vollendet. Der zweite, ebenso hohe Turm, das ***Hotel Arts***, wurde im Stil des sog. "strukturalen Expressionismus" (auch "High Tech-Moderne") gebaut.

Gaudí und der Modernisme

Antoni Gaudí wurde am 25. Juni 1852 in Reus bei Barcelona, geboren. Der Sohn eines Kunstschmiedes studierte zunächst in seiner Heimatstadt, doch ab 1876 besuchte er die Architekturfakultät in Barcelona , die er 1878 mit dem Diplom verließ. In jenen Jahren stand Gaudí unter dem Einfluss des berühmten französischen Architekten Viollet-Le-Duc, der damals die Stadtmauern von Carcassonne restaurierte. In dieser Lehrzeit, in der er wahrscheinlich die vier geflügelten Drachen des Parks der Ciutadella schuf, entwickelte Gaudí seine ureigene Ästhetik. Er inspirierte sich zunächst sowohl an der nationalen Gotik, als auch an den besonderen Stilelemente der katalanischen Kultur, und diese verband er wiederum mit den Elementen des Jugendstils, der neuen künstlerisch-kulturellen Bewegung, die am Ende des 19. Jahrhunderts tonangebend war. Um 1880 spielte er bereits, zusammen mit Doménech i Montaner, eine bedeutende Rolle innerhalb der katalanischen Moderne. In den folgenden zwei Jahrzehnten schuf er eine Reihe von Werken, die das Stadbild Barcelonas stark veränderten. Die Casa Vicens (1878-1888), das Haus, das den Namen seines Hauptauftraggebers und Mäzens Eusebi Güell trägt (1885 bis 1890) und den Convent de les Teresianes (1889-1894), in einer Mischung aus eklektischen Formen der Moderne und Elementen der lokalen Tradition. In den neunziger Jahren verstärkte sich seine Tendenz zum Chromatismus und zu plastischen Fantasieformen. Dies bezeugt zum Beispiel die wiederholte Verwendung von Drachendarstellungen im Parc Güell. Diesen Reichtum kühner Ornamente und Formen, die sich an der Lebendigkeit der Natur orientieren, finden sich in den Werken des 20. Jahrhunderts wieder, wie zum Beispiel an der Casa Milà, deren "wogende" Architektur die verschiedenen Aspekte des Meeres heraufbeschwört und natürlich in Gaudís unvollendetem Meisterwerk "Sagrada Familia". Den Auftrag für diese neue Kirche erhielt Gaudí 1884, an ihr verdichtete er ein architektonisches Konzept, das alle Elemente seiner vierzigjährigen Arbeit zu einer Synthese verschmolz. Von den drei entworfenen Fassaden erlebte der Architekt nur die Verwirklichung der ersten und zwar die, die der Geburt Christi gewidmet ist, denn bereits 1926 ereilte ihn in Barcelona der Tod. Seine sterblichen Reste befinden sich in der Krypta der Sagrada Familia. Deren hohe Glockentürme sind inzwischen fast beendet und kennzeichnen das Stadtzentrum Barcelonas. Le Corbusier nannte ihn 1957 den "Baumeister des 20. Jahrhunderts" und die Kritik hat ihm die Fähigkeit zuerkannt, in sich die Gaben des Baumeisters, des Bildhauers, des Malers und des Architekten zu vereinigen, mit der Fähigkeit, sowohl bedeutende, tragende Strukturen zu konzipieren als auch Innenarchitektur, die große und die kleine Form.

SAGRADA FAMILIA

Die unvollendete Kirche, die für Gaudi zur Lebensaufgabe wurde.
Geöffnet von November bis Februar, 9-18 h - September, Oktober und März, 9-19 h - April bis August, 9-20 h.
25. und 26. Dezember, 1. und 6. Januar geschlossen

PARC GÜELL

Das farbenfrohe Meisterwerk Gaudís, von der UNESCO zum "Kulturerbe der Menschheit" erklärt.
Geöffnet März und Oktober, 10-19 h - April und September, 10-20 h - Mai bis August, 10-21 h - November bis Februar, 10-18 h

CASA MILÀ

Das Haus der bizarren Kamine. Täglich von 10-20 h

CASA BATLLÓ

Passeig de Gràcia 43
Auf Anfrage kann das Innere besichtigt werden

PALAU GÜELL

Das Palais, das Gaudí für die Familie Güell baute.
Montag bis Freitag, 10-14 und 16-19.30 h

CASA VICENS

Glanzvolle Farben und fantastische Ornamentik.
Das Innere kann nicht besichtigt werden

CASA CALVET

Die Härte des Steins kontrastiert mit dem feinen Dekor.
Das Innere kann nicht besichtigt werden

BELLESGUARD

Modernistisches Schlösschen mit gotischen Formen. In der Regel sind Besuche des Inneren nicht gestattet

CONVENT DE LES TERESIANES

Ein strenger, gotisch-modernistischer Bau. Besuche mit Voranmeldung samstags ab 11 h

FINCA MIRALLES

Eine Mauer und ein Portal, Ausgeburten der Fantasie.
Freier Eintritt

PABELLONES GÜELL (PEDRALBES)

Fantastische Figurationen in der Sommerresidenz der Güell.
Freier Eintritt

LAMPEN

Magie und Ausdruck - mitten auf der Plaça Reial

Sagrada Familia

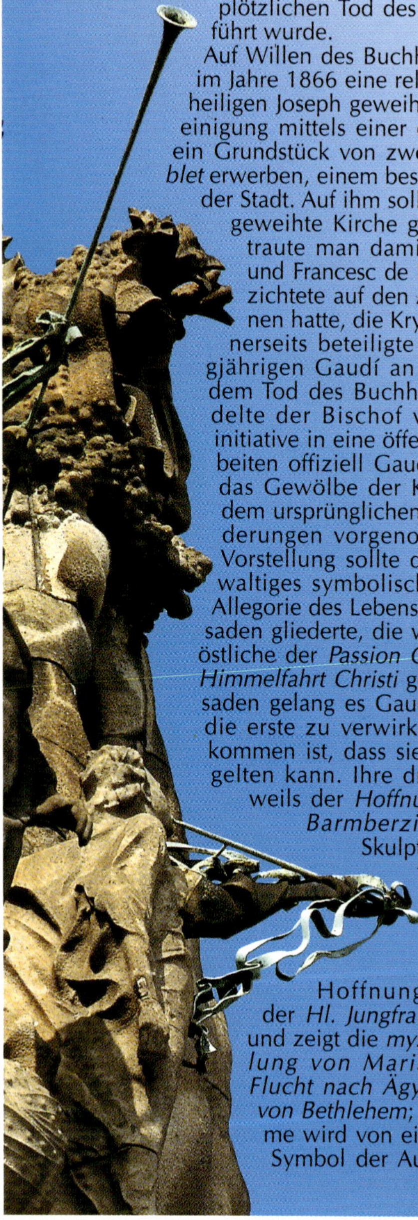

Als Höhepunkt von Gaudís gewaltigem Werk gilt die *Sagrada Familia*, auch wenn sie wegen des plötzlichen Tod des Meisters nicht zu Ende geführt wurde.

Auf Willen des Buchhändlers Bocabella entstand im Jahre 1866 eine religiöse Vereinigung, die dem heiligen Joseph geweiht war. 1881 konnte die Vereinigung mittels einer öffentlichen Spendenaktion ein Grundstück von zwei Hektar im *Barrio del Poblet* erwerben, einem bescheidenen Viertel am Rande der Stadt. Auf ihm sollte eine der *Heiligen Familie* geweihte Kirche gebaut werden, anfangs betraute man damit die Architekten Martorell und Francesc de Paula de Villar. Letzterer verzichtete auf den Auftrag, nachdem er begonnen hatte, die Krypta zu bauen, Martorell seinerseits beteiligte den damals einunddreißigjährigen Gaudí an dem Unternehmen. Nach dem Tod des Buchhändlers Bocabella verwandelte der Bischof von Barcelona die Privatinitiative in eine öffentliche und übertrug die Arbeiten offiziell Gaudí, der in der Zwischenzeit das Gewölbe der Krypta fertiggestellt und an dem ursprünglichen Plan Villars radikale Veränderungen vorgenommen hatte. Nach seiner Vorstellung sollte die *Sagrada Familia* ein gewaltiges symbolisches Bauwerk werden, eine Allegorie des Lebens Christi, die sich in drei Fassaden gliederte, die westliche ist der *Geburt*, die östliche der *Passion Christi* und die südliche der *Himmelfahrt Christi* gewidmet. Von den drei Fassaden gelang es Gaudi zu seinen Lebzeiten nur, die erste zu verwirklichen, die bereits so vollkommen ist, dass sie als selbständiges Bauwerk gelten kann. Ihre drei Portale entsprechen jeweils der *Hoffnung*, dem *Glauben* und der *Barmberzigkeit*, und sind dicht mit Skulpturen bedeckt, die Architektur verschwindet unter sich dehnenden und windenden Figuren. Das Portal der Hoffnung ist der *Hl. Jungfrau* geweiht und zeigt die *mystische Vermählung von Maria und Joseph*, die *Flucht nach Ägypten* und den *Kindesmord von Bethlehem*; die Säule in Form einer Palme wird von einer Nilschildkröte getragen, Symbol der Ausdauer. Das mittlere Portal

Sagrada Familia

Treppen mit **400 Stufen** im Inneren der **Türme** bieten durch die Öffnungen in den Turmhelmen einzigartige Ausblicke auf die Stadt.

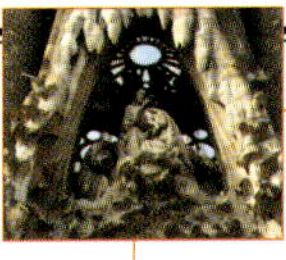

Die **Fassade der Geburt** ist reich an **Skulpturen**, die die Geburt **Christi** und seine Kindheit darstellen, sie wurde 1904 abgeschlossen.

Farbige **Mosaike** verzieren die **Turmspitzen**. **Gaudí** hatte zwölf Türme vorgesehen, wie die Anzahl der **Apostel**, bisher stehen davon acht.

Rosettenfenster bewirken feine Lichteffekte in der **Kirche**.

Die **Fassade der Passion Christi** (1954-1972) schmücken **Skulpturen** Josep Maria Subirachs, vom Ende der achtziger Jahre.

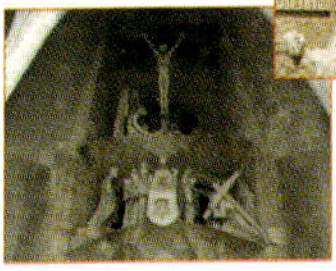

1882 begannen die Arbeiten, - in diesem Teil der Kathedrale dauern sie heute noch an.

Gaudí ruht in der **Krypta** des Francesc de Paula de Villar von 1882.

der *Barmherzigkeit* wird durch den Stammbaum von Abraham bis Joseph unterteilt und vom *Stall zu Bethlehem* beherrscht: der Zypressenbaum darüber wird seinerseits vom *Kreuz des Tau* bekrönt und hat an der Basis einen Pelikan

Auf den folgenden Seiten, zwei Aufsehen erregende Ansichten der Passionsfassade und der Geburtenfassade, letztere vollendete Gaudí selbst.

als Symbol des Opfers. Das letzte Portal rechts ist dem Heiligen Joseph gewidmet und stellt *Jesus im Tempel* und *Jesus in der Tischlerwerkstatt* dar.

Für die allegorischen Figuren war Gaudís Arbeitsmethode interessant: Der Meister fand seine Modelle gewöhnlich auf der Straße und fotografierte sie dann vor einer Spiegelkombination, so dass er aus jedem Blickwinkel eine vollständige Ansicht hatte. Danach schuf er mit Hilfe eines Gipsadrucks die gewünschte Figur, die er dann in den für ihn notwendigen Proportionen abänderte. Wie an den in der Krypta aufbewahrten Modellen ersichtlich, hat die "unvollendete Kathedrale" Barcelonas den Grundriss eines lateinischen Kreuzes mit einem fünfschiffigen Langhaus und einem dreischiffigen Querhaus. Das von großen Fenstern beleuchtete Mittelschiff sollte ein Wald von Säulen werden, von denen jede einem Heiligen, einem Apostel oder einem Bischof geweiht worden wäre. Über der Vierung sah Gaudí einen mächtiger zentralen Turm vor, dem Christussymbol, umgeben von vier kleineren Türmen, Symbole der vier Evangelisten. Jede der drei Fassaden sollten außerdem vier Glockentürme krönen, insgesamt zwölf, wie die zwölf *Apostel*.

Wie wir an dem Modell erkennen, das Gaudí 1910 in Paris zeigte, stellte er sich die Kirche farbig vor. An der Geburtenfassade sollte das grüne Portal der Hoffnung auf das Niltal zu verweisen, das blaue Portal der Barmherzigkeit auf die Nacht in Bethlehem und das Glaubensportal mit seiner sienaroten Erdfarbe auf den Sand Palästinas. Auch das Innere der Kirche sollte in Farben prunken, in Weiß und Gold im

Links ein Detail von zwei mit Mosaik verkleideten Fialen der Glockentürme. Rechts die Passionsfassade, ein Werk von Josep Maria Subirachs, mit dessen expressiven Skulpturen.

1 14 14 4
11 7 6 9
8 10 10 5
13 2 3 15

rechten Seitenschiff als Freudensymbol, in Violett und Schwarz im linken, als Hinweis auf den Schmerz.

Diesem Werk gab sich Gaudí ganz hin, ab 1914 lebte der nunmehr zweiundsechzigjährige sogar in einem Raum auf der Baustelle. Nach seinem Tod wurden die Arbeiten entsprechend seinen Plänen von seinen engsten Mitarbeitern fortgeführt, darunter Sugranes, Quintana und Matamela. Beim Ausbruch des Spanischen Bürgerkrieges (1935) kam es zu einer Un-

Weitere Details der fantastischen Dekorationen und Skulpturen der Sagrada Familia, hier die überschwenglichen Jugenstilplastiken an der Fassade der Geburt Christi.

In der Krypta werden im *Museu de la Sagrada Familia* etwa zwanzig Zeichnungen Gaudís, die einzigen, die den Brand von 1935 überlebt haben, und Pläne, Entwürfe, Modelle, Fotografien der verschiedenen Bauphasen und audiovisuelle Kommentare gezeigt. Hier kann der Besucher Gaudís Idealvorstellung verstehen und vielleicht sogar einen Beitrag spenden.

Zwei Modelle des endgültigen Projektes der Kirche.

terbrechung; in dessen Verlauf zerstörte ein Brand Teile des Bauwerks und viele Pläne und Modelle im Arbeitszimmer Gaudís.
Immer noch gehen die Arbeiten, wenn auch langsam, voran, was durch die Spenden der Gläubigen ermöglicht wird. Die fertige *Sagrada Familia* wird 110 Meter lang und 45 Meter hoch sein, eine der

Rosetten, Fenster, außergewöhnliche Bauelemente und unten rechts die feierliche Krypta, in der die sterbliche Hülle Gaudís ruht.

größten und schönsten Kirchen der christlichen Welt. Zur Kirche gehört das ***Museu de la Sagrada Familia***, dort sind Wandtafeln, Schaukästen und Photos angebracht. Das Dokumentationsmaterial erläutert die verschiedenen Bauphasen von Gaudís Projekt bis Heute.

DIE SAGRADA FAMILIA HEUTE

Gaudí nannte die *Sagrada Familia* ein "offenes Werk" und wer ihn fragte, wann sie fertig sein würde, antwortete er: "Der Auftraggeber dieser Kirche hat keine Eile". In der Tat ist das große unvollendete Werk schon immer eine offene Baustelle, deren Arbeiten, von den Stiftungen der Gläubigen finanziert, im Lauf der Jahre weiter vorangegangen sind. Dabei folgte man den Modellen, die Gaudís Mitarbeiter und Schüler angefertigt hatten, denn viele Originalentwürfe wurden während des Spanischen Bürgerkrieges vernichtet. Heute noch gibt es in Barcelona zwei Denkweisen, die einen wollen die Kirche endlich vollendet sehen, die anderen möchten sie so lassen wie sie jetzt ist.

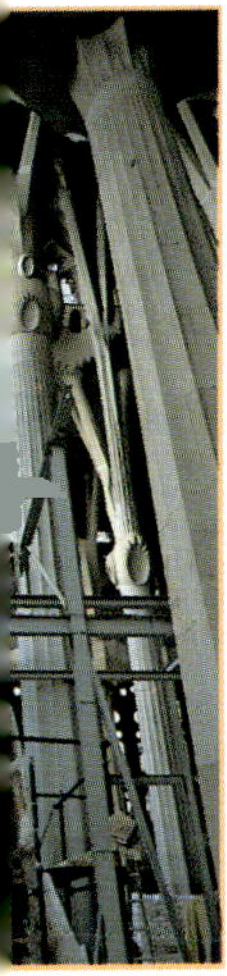

Parc Güell

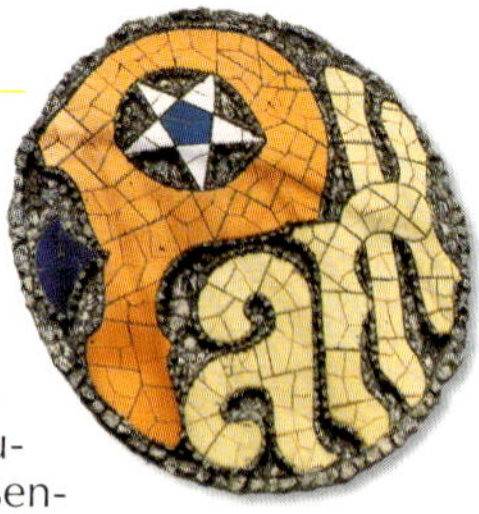

Und wieder schuf Gaudí für seinen Mäzen Eusebi Güell ab 1900 eines seiner schönsten Werke, den *Parc Güell*. Wenn das Genie Gaudí die Möglichkeit hatte, sich in solch umfassender Weise zu verwirklichen, so war das auch der Anwesenheit von Eusebi Güell i Bacigalupi zu verdanken. Der reiche Graf von Güell, ein Bewunderer der englischen "Gartenstädte", die damals große Mode waren, wollte auf 15 Hektar seines Grundbesitzes im Gebiet von *Montaña Pelada* ein Wohnviertel mit etwa 60 Wohnungen erstellen, die einen neuen und revolutionären Lebensrhythmus verheißen sollten. Gaudí wurde mit der Erarbeitung des urbanistischen Modells beauftragt und hatte völlige Ausdrucksfreiheit, sowohl bei den Bauten als bei deren Ausschmückung. Trotz der rosigen Aussichten scheiterte das Experiment einer innovativen Gartenstadt. Nur zwei der sechzig Parzellen wurden verkauft, eine an Gaudí persönlich, die andere an den befreundeten Doktor Alfonso Trias. Schließlich erwarb die Gemeinde Barcelona 1922 den gesamten Besitz und ver-

Faszinierende Details von Gaudís farbenfreudigster Kreation, dem Parc Güell, den die UNESCO unter die Monumente eingereiht hat, die zum "Erbe der Menschheit" gehören. Oben die doppelrampige Freitreppe, die zur Halle der hundert Säulen führt; unten eine der zahlreichen Tierfiguren an der Treppe, sie ist wie andere Dekorationselemente, die im Park verteilt sind, mit lebhaften Mosaiken bedeckt.

wandelte ihn in eine öffentliche Anlage. Der von einer hohen Mauer umgebene Park hat seinen Haupteingang an der Einmündung mit der *Carrer d'Olot*, wo ein herrliches Tor aus Schmiedeeisen von zwei eigenartigen Pavillons aus

vielfarbiger Keramik flankiert wird. Die Pavillons waren im urspünglichen Projekt als Pförtnerloge (der rechte) und als Verwaltungssitz (der linke) vorgesehen. Vom Eingang führt eine doppelte Freitreppe empor, deren mit Mosaiken bedeckte Tierskulpturen (darunter der Drachen, der bei Gaudí stets vertreten ist) und Wasserspiele die beiden Rampen trennen, welche oben im gewöhnlich Halle der hundert Säulen – in Wirklichkeit zählt man nur 86 Säulen – genannten Saal zusammenlaufen. In dieser wunderlichen "dorischen" Säulenhalle biegen sich die Säulen, um ein scheinbar in Bewegung befindliches Gewölbe zu stützen, das stark gewellt ist und – eine unerwartete Vorwegnahme der *Pop Art* – mit Flaschen-, Teller-, Glas- und Keramikfragmenten ausgelegt wurde.

Im Jahre 1912 vervollständigte Gaudí, als Krönung des Saals, das, was als Symbol und Synthese seiner "totalen Kunst" gilt, d.h. die große

schlangenförmige Bank, die die obere Terrasse mit Blick auf die Stadt begrenzt. Man sagt, dass Gaudí einen seiner Arbeiter dazu brachte, sich nackt in den Gipsguss zu setzen, um so das anatomisch richtige Profil zu finden, nach dem er dann die gesamte Sitzbank formte. Auch hier ist Gaudí ein Meister in der Vorwegnahme von Formen und Farben einer Kunst, die es erst sehr viel später geben sollte. Die ganze Bank überzieht ein Mosaik aus Keramikscherben unterschiedlicher Farbe und Größe, die er zu einer monumentalen, abstrakten Collage anordnete.

In der Parkmitte befindet sich ein ebenso originelles Haus, die ***Casa Museu Gaudí***, wo der Meister von 1906 bis 1926 lebte und in der noch heute Möbel, Gemälde und Erinnerungsstücke von ihm aufbewahrt werden.

Oben links die große Terrasse über der Halle der hundert Säulen, unten ein Detail der berühmten Schlangenbank, die die Terrasse begrenzt, sie gilt als die längste Bank der Welt. Oben und rechts Beispiele für Gaudís Vielseitigkeit bei der Erfindung von dekorativen Strukturen und Elementen.

Casa Milà

Am *Passeig de Gracia* trifft man auf die 1905 begonnene und fünf Jahre später vollendete *Casa Milà*. Ein kurzer Blick auf die Fassade genügt, um zu verstehen, warum dieses fünfstöckige Gebäude unter dem Namen *Pedrera*, d.h. Steinbruch, bekannt ist. Dieses Haus drückt vielleicht am besten Gaudís Naturvorstellung aus, eine Art Steinberg, der vom Menschen geformt wurde, mit einer Reihe von "Höhlen", die sich in der Fassade öffnen und von denen eine enorme Lebenskraft ausgeht. Hier gelang es diesem einsamen und verschlossenen, streng katholischen Mann, die Instanzen des Jugendstils in eine reine Vitalität umzuwandeln, nicht mehr ein statischer und geometrischer Raum sondern einer, der - während er entsteht - sich auszudehnen scheint. Die Fassade bricht sich in einer Reihe von Wellen, die an der gesamten Struktur entlang zu laufen scheinen. Gaudí hat es einmal so formuliert: "Die Kanten werden verschwinden und die Fülle der Materie wird sich in ihren astralen Rundungen zeigen, die Sonne wird durch die vier Seiten eindringen und es wird wie ein Abbild des Paradieses sein [. . .] mein Gebäude wird heller als das Licht erstrahlen".
Auf dem Dach des Hauses erfassen wir erst recht die zügellose Fantasie des Künstlers: Er braucht keine Geländer, Gärten hängen

Die wellenförmige, faszinierende Fassade der Casa Milà schmücken kunstvoll geschmiedete Balkone und gewaltige Kamine.

Auf dieser Seite, zwei Innenräume der Casa Milà, oben das Dachgeschoss mit einer Ausstellung zu Gaudís Werken, darunter ein Esszimmer in einer sorgfältig rekonstruierten Bürgerwohnung der Casa Milà.
Folgende Seiten, Blicke von der Terrasse der Casa Milà auf die bizarren und fast gespenstischen Schornsteine.

über tiefen Innenhöfen, enigmatische Kapuzenmonster drohen. In diesem abstrakten Szenario (es genügen die merkwürdigen Formen der Kamine), gelang es Gaudí, das Anliegen des Surrealismus 40 Jahre vorweg zu nehmen.

ESPAI GAUDÍ.
EL PIS DE LA PEDRERA

Im Jahr 1986 erwarb eine katalanische Bank die verwahrloste *Casa Milà* und restaurierte sie als kulturelles Zentrum für die Stadt Barcelona. Die Arbeiten dauerten zehn Jahre und die im ursprünglichen Glanz wiedererstandene *Casa Milà* wurde Sitz der Kulturstiftung Caixa de Catalunya und vor allem eine ständige Ausstellung zum Verständnis der Kunst Gaudís. *Espai Gaudí* soll die Kenntnis der Architektur Gaudís vertiefen helfen und dokumentiert sie auf intensive Weise, in ihrem historischen und biographischen Kontext. Der zentrale Teil der Exponate soll den Beitrag Gaudís zur Architektur des 20. Jahrhunderts erklären, auch mit einer Reihe von modellhaften Darstellungen, die die Grundkonzepte seiner Kunst verdeutlichen. Im vierten Stock des Gebäudes befindet sich *El Pis de la Pedrera*, auf 569 qm hat man die Wohnung einer bürgerlichen Familie zu Beginn des 20. Jahrhunderts in allen Details rekonstruiert, jeder Raum entspricht wieder seiner ursprünglichen Bestimmung. Schließlich erreicht man die Terrasse der *Pedrera*, ganz und gar im Zustand von 1912, neben den bizarren Schornsteinen und Kuppeln können die Besucher einen atemberaubenden Blick auf die Monumente Barcelonas genießen.

Casa Batlló

Die *Casa Batlló* entstand zwischen 1904 und 1906 am *Passeig de Gracia* Nr. 43, in jenem Häusergeviert, das mit einem sonderbaren Wortspiel die "*Manzana de la Discòrdia*" genannt wird, weil sich dort zahlreiche unterschiedliche Architekturen des "Modernisme" Barcelonas aneinanderreihen. Gaudí sollte dieses Gebäudes für die Familie des Josè Batlló i Casanovas erneuern und er verwandelte mit seinem sehr persönlichen Stilgefühl das gesamte Gebäude und entwarf sogar die Möbel neu. Ein "grandioses, sinnloses, in allen Regenbogenfarben funkelndes Mosaik, in dem Wasserformen auftauchen", sagte Salvador Dalí zu diesem Werk. Der Kult der Schlangenlinie, die Ausdehnung der Linie als reinem Vitalitätssymbol, erreichen hier ihren Höhepunkt, alles, von den Säulen bis zu den Balkonen und der fantastischen Dachbedeckung aus schuppenförmigen Ziegeln, soll vibrieren und leben.

Palau Güell

Wieder für den Baumwollmagnaten Eusebi Güell, der seine Arbeiten auf der Weltausstellung in Paris im Jahre 1878 "entdeckt" hatte, baute Gaudí von 1885 bis 1890 dieses Palais an der *Carrer Nou de la Rambla*.
Hier inszenierte der katalanische Architekt auf dem Dach zum ersten Mal sein räumliches Spiel, bedeckte Kamine und Lüftungsanlagen mit Keramikfragmenten und ordnete sie um einen zentralen Kegel herum an, der der Innenkuppel entspricht, mit Öffnungen, durch die das Licht einfällt und sich im Innenraum verteilt.
Die Innenarchitektur ist eine wunderbare Synthese aus Elfenbein und Marmor, Holzschnitzerei, geschliffenen Gläsern und vergoldeten Metallen.

Oben, die Fassade der Casa Batlló.

Ansicht des Palau Güell mit den von Keramikfragmenten bedeckten Kaminen.

Casa Vicens

Diese Villa, am *Carrer de les Carolines* Nr. 24, ist das Ergebnis des Auftrages, den Antoni Gaudí 1878 als junger Architekt von dem Unternehmer Vicens erhielt. Der Bau, der 1883 begonnen und 1888 beendet wurde, eine der ersten Arbeiten Gaudís, erwies sich als ein brillantes Debüt.
Die Fassade, eine ausgeglichene Kombination von Elementen, erinnert mit ihrem geometrischen Spiel an die islamische Architektur, während sich die Farbe der Keramikdekoration von der Unebenheit des Natursteins und der Kacheln abhebt. Trotz der Schlichtheit der von Gaudí verwendeten Materialien sind die Wände in ihrer Gesamtheit von unerwarteter Schönheit.
Im Laufe der Erweiterungen, die 1925-1926 durchgeführt wurden, büßte das Gebäude einen Teil seines wundervollen Gartens ein. Bemerkenswert ist das schmiedeeiserne Gitter, dessen dekoratives Grundmotiv Palmenblätter sind. Das Innere des Hauses gestaltete Gaudí ebenfalls, stets im Einklang mit seiner unvergleichlichen Fantasie.

Casa Calvet

Dieses Gebäude befindet sich heute in der *Calle de Casp* Nr. 48 (früher Nr. 52, Bauzeit 1898-1899). Das Haus fällt wegen seiner reichen Außendekoration auf: die Fassade aus großen Steinblöcken wird durch zahlreiche Balkone mit schmiedeeisernem Geländern aufgelockert, während sich oben am Dach zwei elegante Giebel mit runder Linienführung befinden. Die unteren Geschosse dienten wahrscheinlich dem Handel, während die oberen Etagen Wohncharakter aufweisen. Gaudí entwarf wiederum nicht nur das Äußere, sondern zeichnete auch das Mobiliar, das man noch heute im Inneren bewundern kann.

Von oben, zwei Abbildungen der Casa Vicens, an der das rustikale Mauerwerk mit den eleganten Dekorationen im Kontrast steht und zwei Details der besonders fein verzierten Casa Calvet.

Bellesguard

.1900 erhielt Gaudí von Doña Maria Sagués den Auftrag, eine Landvilla zu errichten, die den historischen und symbolischen Wert des Ortes ihres Entstehens bestätigen sollte: hier hatte der letzte König von Aragon, Martín I. 1408 ein Landhaus erbauen lassen, das den Namen *Bell Esguard* trug, ein Name, der auf das herrliche Panorama verwies, das man von hier aus genießen konnte. Das gesamte Gebäude musste an eine Zeit erinnern, die als eine der glücklichsten Kataloniens galt, eine Art mittelalterlicher Traum, eine Hymne auf die alte Zeit.
Antoni Gaudí, "der katalanischste unter den Katalanen", wie ihn sein Freund Joquim Torres nannte, gab der Villa einen fast quadratischen Grundriss und verwendete neugotische Elemente von höchster Eleganz: das großartige Portal, das von einem reich dekorierten Gitter in Schmiedeeisen geschützt wird, die Zinnen und die schlanke Turmspitze. Das Gebäude blieb jedoch unvollendet und wurde 1917 von Domènec Sugranes zu Ende geführt.

Das schlank emporragende Bell Esguard enthält modernistische und neugotische Elemente. Rechts eines der prächtigen Mosaike, die neben dem Portal angebracht wurden.

Convent de les Teresianes

Dieses Kloster liegt am *Carrer de Ganduxer* Nr. 85 und entstand in der ersten Schaffensphase Gaudís. Die Nonnen, die dort wohnen und auch im Kolleg unterrichten, gehören dem Orden der heiligen Therese von Avila an. Die Regeln dieses Ordens, Armut und Sparsamkeit, wurden vom Architekten streng befolgt, so dass das Gebäude so gut wie keine ornamentalen Elemente aufweist. Gaudí verstand es, ihm eine plastische Wertigkeit zu geben, die fast ausschließlich auf der Konstruktion beruht, weitere Dekorationselemente sind die parabolischen Bögen in Ziegelstein und das Gitter am Eingangsportal. Trotz des eindeutig neugotischen Charakters dieses Bauwerks, was der Ordensphilosophie und auch dem persönlichem Interesse Gaudís entsprach, wird es dennoch dem Modernisme zugeschrieben.

An dem Convent de les Teresianes verschmelzen die neugotischen Elemente auf vollendete Weise mit den Stimitteln des "Modernisme".

Finca Miralles

Der Verleger Hermengild Miralles betraute 1901 den Freund Gaudí damit, eine Mauer zu bauen, die seinen Besitz in Sarrìa umgeben sollte. Der Künstler setzte 36 verschiedene Sektionen zusammen, die eine gewellte und sich schlängelnde *Mauer* ergaben. Von diesem Meisterwerk des Jugendstils hat sich heute nur das Portal (am *Passeig Manuel Girona*) erhalten, unter dem man kürzlich eine *Bronzestatue* Gaudís aufgestellt hat.

Finca Güell

Im Jahre 1884 beauftragte Eusebi Güell Gaudí mit zwei Pavillons für seine Sommerresidenz in Pedralbes (die *Finca Güell* oder Landsitz Güell) am Stadtrand Barcelonas. Die beiden *Pabellones Güell*, der eine von achteckiger, der andere von rechteckiger Form, sind durch ein wunderbares Gittertor aus Schmiedeeisen in der Form eines Drachens verbunden. Das soll symbolisch an den mythischen Begründer Barcelonas Herkules und an den Garten der Hesperiden erinnern. Mit dieser Arbeit steht die Bekanntschaft Gaudís mit Jacint Verdaguer, einem symbolistischen Dichter der katalanischen *Renaixença* in Zusammenhang, der der Autor des Epos' *Atlantida* war. Zu Seiten des Drachentores liegen die Portiersloge und die Pferdeställe mit Reitbahn, ein kreisförmiges Bauwerk, das mit vielfarbigen Keramikfragmenten verziert ist.

Die Lampen der Plaça Reial

Das Problem der Straßenbeleuchtung war für das Barcelona des Modernisme von großer Wichtigkeit und führte zu interessanten Ergebnissen. Anlässlich eines Wettbewerbs, den die Stadtverwaltung 1878 ausschrieb, schuf beispielsweise Gaudí mächtige Pfostenlampen aus Stein und Bronze für die *Plaça Reial*, wobei er der Witterungsbeständigkeit besondere Bedeutung zumaß und entsprechende Materialien auswählte.

Oben die Statue des Künstlers und das Portal, das einst in die Finca Miralles führte; in der Mitte das wundervolle Drachentor aus Schmiedeeisen in Pedralbes; rechts eine der mächtigen Pfostenlampen, die Gaudí für die Plaça Reial gestaltete.

Der 1850 in Barcelona geborene Lluís Domènech i Montaner war nicht nur ein Architekt, er interessierte sich auch für Mineralogie, Botanik und Zoologie und für eine kurze Zeit studierte er Physik und Naturwissenschaft, ehe er sich endgültig der Architektur zuwandte. Er war ein hervorragender Schriftsteller und Zeichner, und in dem Artikel En busca de una arquitectura nacional, der in der Zeitschrift "La Renaixença" erschien, definierte seine Konzeption der modernen Architektur, war aber auch gleichzeitig von dem katalanischen Nationalcharakter überzeugt. In seinem sehr persönlichen Stil verband er die verschlungenen Linien des Jugendstils mit dem ornamentalen Reichtum der arabisch-spanischen Architektur. Mit der Kombination verschiedenartiger Materialien wie Keramik, Eisen und Glasmalerei schuf er überraschende Lösungen wie das Palais der Katalanischen Musik von 1908. Montaner starb 1923 in Barcelona.

Josep Puig i Cadafalch war Architekt, Historiker und Politiker. Er kam 1867 in der Stadt Matarò zur Welt, von wo er sich nach Barcelona begab. Dort erhielt er 1895 den ersten bedeutenden Auftrag, die Casa Martí. Er gilt als der letzte Vertreter des Jugendstils, seine Karriere unterteilt sich in drei Perioden. In der ersten inspirierte er sich an der aristokratischen katalanischen Architektur und baute Häuser wie Casa Martí, Casa Macaya, Casa Amatller und vor allem die Casa de les Punxes (1905). In der zweiten Periode folgte er den Vorbildern des neuen Bürgertums mit mehr rationalistischen Bauwerken wie Casa Trinxet oder Casa Company. In der dritten, monumentalen Phase, die mit der Weltausstellung von Barcelona (1929) zusammenfiel, schuf er mächtige barocke Bauten, die an der römischen Architektur inspiriert waren. Am 17. Mai 1917 übernahm er auch politische Verantwortung als Mitglied des Ständigen Rats der Mancomunitat, ein Organismus, von dem die heutige Generalitat de Catalunya abstammt. Am 29. November 1917 beim Tode von Enric de la Riba wurde er zum Präsidenten des Rats gewählt, mit Wiederwahl in den Jahren 1921 und 1923. Er schrieb zahlreiche Studien zur katalanischen Architektur und von 1942 bis zu seinem Tode (1957) war er Präsident des Instituts für katalanische Studien.

Modernisme

Lluís Domènech i Montaner:

Josep Puig i Cadafalch:

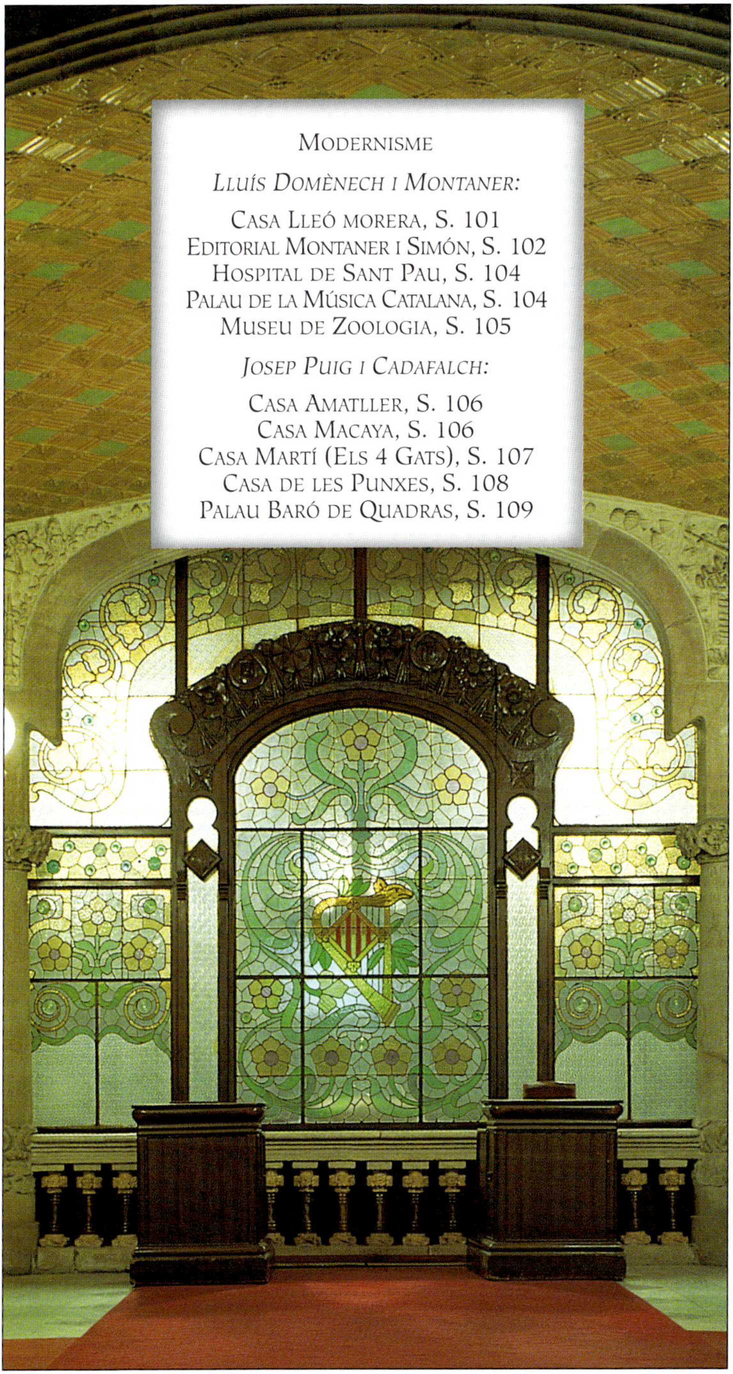

M O D E R

Das was in England *Liberty*, in Frankreich *Art Nouveau* und in Deutschland *Jugendstil* hiess, nannte man in Katalonien Modernistische Kunst, und auch hier – wie in anderen Ländern – entstand diese Bewegung als Erneuerung und aus Opposition gegen das Bürgertum, das damals die gesamte Kunst beherrschte. Es besteht kein Zweifel darüber, dass ein Genie wie Antoni Gaudí sich nicht hätte entwickeln können, wenn es in Barcelona nicht den Millionär Eusebi Güell i Bacigalupi gegeben hätte. Aber neben dieser ohne Zweifel bedeutenden Persönlichkeit, die so einzigartig, so katholisch und so isoliert vom restlichen künstlerischen Ambiente war, arbeitete eine ganze Reihe von Personen, die mit zur Veränderung des Aussehens Barcelonas beitrugen. Im Umfeld der sogenannten katalanischen "Renaixença" traten Architekten wie Lluís Domènech i Montaner, Frances Berenguer, Martorell, Joan Rubió i Bellver, Josep Puig i Cadafalch, Granell usw. auf den Plan, mit Werken wie der *Casa Amatller*, der *Casa Roviralta* oder dem Palais der katalanischen Musik.

Am Ende des 19. Jahrhunderts begann sich Barcelona zu verändern, erhielt eine neue Identität. Aber nicht nur die Gebäude, die plötzlich unerwartete zoomorphe Formen annahmen (man denke nur an das unglaubliche "Schmetterlingshaus" in der *Calle Llansá*), sondern auch die verschiedenen Details des Stadtbildes: auf den *Ramblas* und den *Avenidas* errichtete man schmiedeeiserne Lampen, die Tore der *Fincas* wurden mit Voluten und Schnörkeln verziert, die Blitzableiter auf den Dächern verbogen sich zu fantastischen Formen, die Balkone und Geländer schienen sich aufzublasen, zu kräuseln und zu verbiegen, wie unter einer unsichtbaren Riesenhand.

Auch dank dieser unbekannten Kunsthandwerker gewann Barcelona ein Erscheinungsbild, das es vom übrigen Spanien an Feinheit und Eleganz unterscheidet.

N I S M E

Casa Lleó Morera

Am *Passeig de Gracia*, wenige Schritte von der *Casa Batlló* erneuerte zwischen 1902 und 1906 Domènech i Montaner diese Residenz, die er in ein Fantasiegebäude verwandelte, insbesondere an der Fassade mit ihren Skulpturen und ornamentalen Friesen. Am zweiten Stock sieht man vier *Frauenstatuen*, die den *Fortschritt* verkörpern, eine jede hält eine Erfindung der Moderne in der Hand, die Glühbirne, das Grammophon, den Fotoapparat und das Telefon. Im Inneren bewundert man eines der schönsten *Esszimmer* Barcelonas, das von farbigen Glasfenstern des Lluís Rigalt beleuchtet wird. Außerdem verzieren es lebhafte *Mosaiktafeln* aus Keramik von Gaspar Homar.

Details der Fassade und des Türmchens der Casa Lleó Morera, an der Domènech i Montaner seine bizarre Kreativität unter Beweis stellte.

Über dem eleganten Gebäude, das die Fundació Tàpies enthält, erhebt sich eine luftige monumentale Skulptur aus eloxiertem Aluminium.

Editorial Montaner i Simón

Das frühere Verlagshaus Montaner i Simón baute Lluís Domènech i Montaner zwischen 1880 und 1885 im Stadtviertel *Eixample* am *Carrer d'Aragó*, mitten im "modernistischen" Barcelona. Die Dekorationen mit den Büsten und Namen von literarischen Persönlichkeiten oben an der Fassade erinnern an die islamische Architektur und die ehemalige verlegerische Bestimmung. Nach einem Umbau wurde das Haus Sitz der Fundació (Stiftung) Antoni Tàpies, dessen Werk *Nùvol i Cadira* (Wolke und Stuhl) schwebt oben über dem Dach. Es besteht aus 2700 m eloxiertem Aluminiumkabel, dessen Kurven und Spiralen ein gewaltiges abstraktes Zeichen in die Luft schreiben.

FUNDACIÓ ANTONI TÀPIES

Der katalanische Maler gründete 1984 seine Stiftung Antoni Tàpies. Die Stiftung erwarb das im Verfall befindliche Gebäude, das von den Architekten Roser Amadò und Lluís Domènech Girbau restauriert wurde. Zweck der Fundació ist vor allem die Kenntnisnahme und Förderung der modernen Kunst und Kultur. Die Stiftung zeigt eine ständige Sammlung der Werke des Gründers und veranstaltet Wechselausstellungen moderner Künstler. Eine auf die Moderne spezialisierte Bibliothek und die fortgestzten Beiträge von international anerkannten Künstlern sorgen dafür, dass die Intentionen des großen katalanischen Künstlers Erfüllung finden.

ANTONI TÀPIES

Der berühmteste zeitgenössische Künstler Kataloniens ist zweifellos Antoni Tàpies, er wurde am 13. Dezember 1923 in Barcelona geboren. Sein Vater war Rechtsanwalt, seine Mutter stammte aus einer Familie von Buchhändlern und patriotischen katalanischen Politikern, mit direktem Kontakt zu den politischen Ereignissen. Tàpies wuchs in einer sehr tolleranten Umgebung auf, die reich an neuen Ideen war und hatte Umgang mit öffentlichen Persönlichkeiten, den Freunden seines Vaters. Nach der ersten Studienzeit in Barcelona kam er durch die Zeitschrift "D'Aci i d'Allà" , die von Josep Lluís Sert und Joan Prats geleitet wurde, in Kontakt mit der zeitgenössischen Kunst und lernte die Werke von Picasso, Braque, Mondrian, Brancusi, Kandinsky, Duchamp, Klee und Miró kennen. Tàpies wurde vor allem von den letzten beiden beeinflusst, doch überzeugte ihn Jean Dubuffet von einer Abstraktion, die ihn dazu brachte, ungewöhnliche Farbmaterie zu verwenden und Collagen aus Ausschussmaterial herzustellen. Im Lauf der Jahre erhielt er viele Preise und Ehrungen, eine Goldmedaille für den künstlerischen und moralischen Wert seines Werks (Menton, 1966), eine Goldmedaille der Schönen Künste der spanischen Regierung (1981), den großen Nationalpreis für Malerei von der französischen Regierung und 1992 wurde er Ehrenmitglied der Royal Academy of Arts in London. Viele Retrospektiven seines Werks fanden überall in der Welt satt, stets mit großem Erfolg bei Publikum und Kritik.

Hospital de Sant Pau

Den ursprünglichen Gebäudekern des *Hospital de Sant Pau,* das heute eine große Oberfläche einnimmt und eines der eindrucksvollsten Beispiele für den katalanischen "Modernisme" ist, bildete das *Hospital de la Santa Creu* von 1401. Als es jedoch am Ende des 19. Jahrhunderts zu klein wurde, um alle Kranken aufzunehmen, bedurfte es einer Erweiterung. Dank der Entschiedenheit des Bankiers Pau Gil begann man 1902 mit den Arbeiten, unter der Leitung des Architekten Lluís Domènech i Montaner. An der Dekoration des Neubaus beteiligten sich viele Künstler, darunter die Bildhauer Eusebi Arnau i Mascort, der das Emblem des Hospitals erfand, und Pau Gargallo i Catalàn, der neben anderem die wunderschönen Statuen der *Theologischen Tugenden* gestaltete. Die Krankenhausanlage, die dem namensgleichen Heiligen des Stifters geweiht ist, verdankt ihre Neuartigkeit der reichen Dekoration aus farbiger Keramik.

Palau de la Música Catalana

Die UNESCO erklärte 1987 diesen Bau, eines der Meisterwerke des modernistischen Architekten Lluís Domènech i Montaner, zum "Kulturerbe der Menschheit". Das 1908 eingeweihte Palais liegt nicht weit von der *Plaça de Catalunya* und ist Sitz der musikalischen Vereinigung "Orfeó Català", die 1891 Lluís Millet und Amadeu Vives gründeten. Ihr verdanken wir die Wiederentdeckung der Musik und des Liedgutes Kataloniens. An der Backsteinfassade sind Mosaiken von Lluís Bru und eine Skulptur von Miquel Blay, die die *Volksmusik* symbolisiert. Innen findet man puren Jugendstil, mit buntem Glas, Mosaik und Skulpturen wie das *geflügelte Pferd* von Eusebi Arnau oder die *Musen-Statuen* im halbkreisförmigen Saal; der Konzertsaal hat ein farbiges Glasfenster im zentralen Oberlicht, eine Arbeit von Rigalt und Granel. Die Geschichte des *Palau* ist auch die Musikgeschichte des 20. Jahrhunderts, denn hier haben die großen Meister musiziert: Richard Strauss dirigierte im *Palau* am 15. Mai 1908 die berühmten Berliner Philharmoniker und in demselben Jahr gab Pablo Casals sein erstes Konzert; 1916 ließ Rubinstein sein mythisches Klavierspiel erklingen und 1921 spielte Albert Schweizer für die *Matthäus-Passion* die Orgel. Außerdem kamen Richter, Rostropowitsch, Ravel, Strawinsky, von Karajan und Boulez.

FUNDACIÓ "ORFEO CATALÀ" - Diese berühmte Stiftung war oftmals auch die erste Bühne für Sänger und Sängerinnen, die später berühmt werden sollten. In der Tat sangen hier zum ersten Mal Victoria de los Ángeles, Montserrat Caballé und Josè Carreras. Aber der "Orfeó Català" ist nicht nur der Opernmusik vorbehalten, hier gastierten u.a. Ella Fitzgerald, Duke Ellington und Charles Aznavour.

Auf diesen Seiten drei unterschiedliche Architekturen des "Modernisme", links die unverwechselbare Fassade des Hospital de Sant Pau, oben das prächtige Innere des Palau de la Música Catalana und unten das zinnenbekrönte Schloss, das das Museu de Zoologia enthält.

Museu de Zoologia

Das Museum entstand 1882, als Francesc Martorell i Peña seine persönlichen Sammlungen für Naturgeschichte und Archäologie dem *Ajuntament* von Barcelona vermachte, außerdem stiftete er eine erkleckliche Summe für das zu errichtende Museumsgebäude. Dieses Museum ist heute im ausgefallenen *Castell dels Tres Dragons* (Drei-Drachen-Burg) untergebracht, das Lluís Domènech i Montaner als Restaurant und Bar für die Weltausstellung von 1888 entwarf. Im ersten Stock findet man ständige Exponate wie "Die Welt der Bienen", "Die Vögel in der Stadt" und die "Klassifizierung der Tierwelt". Das Museum besitzt auch eine Zoologische *Phonothek* mit mehr als 2200 bisher unveröffentlichten Tonaufnahmen von 550 verschiedenen Arten: von europäischen Vögeln, Säugetieren, Amphibien, Reptilien und Invertebraten.

Casa Amatller

Eine "Apotheose der dekorativen Künste", so definierte der Kritiker Alexandre Cirici Pellicer die Fassade dieses Bauwerks neben der *Casa Batlló*, die Puig i Cadafalch zwischen 1898 und 1900 für Antonio Amatller, einen Schokoladenfabrikanten, umgestaltete. Hier vermischt und kombiniert der Architekt, wie es für ihn typisch war, architektonische und dekorative Elemente der katalanischen Kultur und anderer europäischer Länder. Tatsächlich erkennt man an dem hoch emporragenden Giebel den flämischen Stil der Häuser an den Kanälen Amsterdams, außerdem die Gotik der Fensterbögen und überschwenglichen Barock an den schmiedeisernen Dekorationen.

Casa Macaya

Auch mit diesem Haus wurde Puig i Cadafalch beauftragt und zwar von dem Geschäftsmann Roman Macaya i Gilbert. Es entstand 1901 um einen großen Innenhof am Rand von *Eixample*, an der *Avinguda Diagonal*. Mit seiner Dekoration ist eine kuriose Anekdote verbunden: Als Cadafalch hier arbeitete, hatte er auch an der *Casa Amatller* und einem dritten Gebäude an den *Ramblas* zu tun und besuchte alle drei Baustellen mit dem Fahrrad. Der Bildhauer Arnau meißelte daher aus Scherz einen Radfahrer auf ein Kapitell links vom Eingang.

Casa Martí (Els 4 Gats)

"Chat Noir" in Paris und "Els 4 Gats" in Barcelona: zwei wichtige Lokale für die Maler und Intellektuellen der französischen und spanischen Avantgarde. Zunächst gab es die *Casa Martí*, ebenfalls von Cadafalch gebaut, aber am 12. Juni 1879 verwandelte sie Pere Romeu zusammen mit dem berühmten Maler Ramón Casas in ein Cafè. Der Name des Lokals erklärt sich daraus, dass der katalanischen Maler Santiago Rusiñol skeptisch äußerte, es würde ja doch nur von "vier Katzen" besucht werden. Doch das Cafè *Els 4 Gats* wurde ein Erfolg, es fanden dort Konzerte, Ausstellungen und Theateraufführungen statt und es wurde zum Sitz der künstlerischen und literarischen Bewegung "Renaixença". Anfang 1899 war auch Picasso ein Besucher des Cafès, zusammen mit dem Dichter Sabartés, dem Maler Junyer-Vidal und mit Carlos Casagemas, der ihn dann nach Paris begleiten sollte. Dies war eine Zeit starker künstlerischer Leidenschaften und es ist kein Zufall, dass Picasso sogar das Plakat und die Speisekarte des Lokals zeichnete.

Pablo Picasso, eifriger Besucher von "Els 4 Gats", zeichnete für das neue Lokal das Plakat und die erste Speisekarte. Auch darin äußerte er sein sublimes Können, denn es war ein Gebot des damals in Barcelona vorherrschenden Jugendstils, auch einen bescheidenen Gegenstand liebevoll zu gestalten.

Linke Seite, von oben, die Casa Amatller mit dem typischen Giebel und die reich verzierte Fassade der Casa Macaya.

Unten, das Innere des Cafès mit dem ausgefallenen Namen "Els 4 Gats".

Die unverwechselbare Casa de les Punxes.

Casa de les Punxes

Das zwischen 1903 und 1905 an der *Avinguda Diagonal* errichtete, besonders zauberhafte Gebäude, nennt sich auch *Casa Terrades*. Für dieses Bauwerk mit mittelalterlichen Anklängen inspirierte sich Puig i Cadafalch an nordischer Architektur, doch in gewisser Hinsicht spielen auch die Schlösser der Loire eine Rolle. Das Äußere besteht jedoch vor allem aus roten Backsteinen, wie es der Modernisme forderte, während elegante steinerne Dekorationen die Türen und Fenster umrahmen. Die mächtigen Turmhelme in Form von Hexenhüten, denen der Bau seinen Namen verdankt, bekrönen die Ecktürme und den Oberteil zieren elegante Dekorationen aus Keramik und Mosaik.

Palau Baró de Quadras

Zwischen zwei Hauptstraßen der Stadt, der *Avinguda Diagonal* und dem *Carrer Rosselló* erhebt sich diese mächtige Architektur, die der Baron de Quadras 1900 als seine neue Residenz bei Puig i Cadafalch in Auftrag gab. Das Palais wurde zwischen 1904 und 1906 ausgeführt und weist zwei völlig verschiedene Fassaden auf. Die Hauptfassade an der *Avinguda Diagonal* ist reich dekoriert und verrät gotische Anklänge, die andere ist sehr viel schlichter und im Grunde konventionell. Für die Innenräume diente die Pracht der islamischen Kunst als Vorbild, sie schienen also geeignet, dort 1983 das ***Museu de la Música*** einzurichten, mit einer Sammlung bedeutender Musikinstrumente aus der ganzen Welt.

Die gotische Fassade des Palau Baró de Quadras.

MUSEU DE LA MÚSICA

Das *Museu de la Música de Barcelona* mit seiner fast sechzigjährigen Geschichte besitzt eine in Spanien einzigartige Sammlung von Musikinstrumenten, aber auch Dokumenten, Urschriften und Partituren. Das Hauptziel des Museums ist die Bewahrung und Verbreitung des reichen Erbes spanischer Musik, es verfügt aber auch über Material, Dokumente und Strukturen zur Forschung und Musiklehre. Das in dem modernistischen Meisterbau *Palau Baró de Quadras* untergebrachte Museum zeigt die bereits erwähnte Sammlung von europäischen Musikinstrumenten (16.-20. Jahrhundert), aber auch eine außergewöhnliche Gitarrensammlung, dem traditionell spanischen Instrument, zusammen mit einer umfassenden Dokumentation über spezifisch katalanische Musiker und Komponisten. Andere Abteilungen widmen sich der musikalischen Tradition anderer Länder der Welt. Der baldige Neubau eines Auditoriums könnte diesem Museum eine neue Bleibe bieten, vielleicht passender und endgültig.

Die Musikinstrumente sind der ganze Stolz des Museu de la Música im Palau Baró de Quadras.

DIE STRASSEN DER KUNST

Die Stadt Barcelona ist immer überraschend, sie hat sich dem Neuen geöffnet und ist für revolutionäre Vorschläge empfänglich, ihre Strassen, Plätze und Parks sind zu einem Pleinair-Museum geworden, mit Kunstwerken der bedeutendsten modernen Künstler aus Europa und aller Welt, allen voran jener Joan Miró, dem das gesamte Areal des alten Schlachthofs gewidmet wurde. Erstrangigen Plätzen wurden grossformatige Skulpturen zugeordnet, welche dem überlieferten Stadtbild eine ganz besondere Note farbenfroher Originalität verleihen.

Joan Miró, "dem größten Surrealisten von uns allen", wie ihn der Vater des Surrealismus André Breton nannte, verdanken wir die Skulptur Dona i Ocell, *ein phallisches Totem aus Beton und farbigem Keramikmosaik im Trencadìs-Stil.*

Das Cap de Barcelona aus farbigen Keramikkacheln entstand 1992 anlässlich der Olympischen Spiele und ist inzwischen ein Symbol der Stadt; es handelt sich um eine Arbeit des bedeutenden Künstlers der amerikanischen Pop Art, Roy Lichtenstein.

Die Statue für Santiago Roldàn von Eduardo Urculo.

DIE STRASSEN DER KUNST

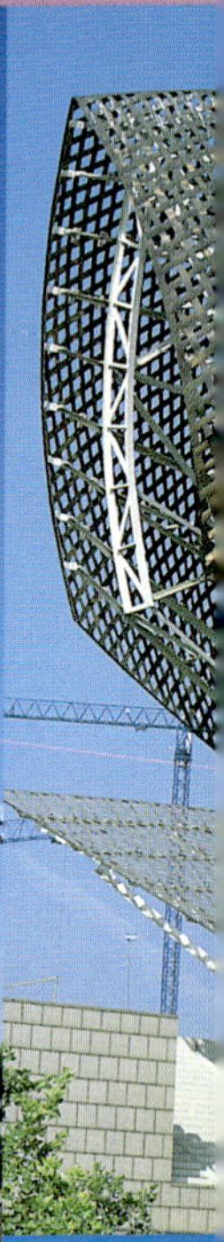

Oben links, Mistos, die gigantischen Streichhölzer, ein Werk des Schweden Claes Oldenburg mit seiner Frau Coosje van Bruggen, aus Stahl, Aluminium, verstärkter Plastik und lackiertem Polyuretan. Oben rechts der kolossale Peixe *(Fisch), 54 m lang und 35 m hoch, am Eingang des Olympischen Hafens von dem Kanadier Frank Gehry, der auch das Guggenheim-Museum in Bilbao entwarf. Gehry hat für seine Skulpturen seit Beginn der achtziger Jahre Inspiration bei den Naturformen gefunden; vom Fisch sagte er, dass er fasziniert sei von der Vollendung und Vielfältigkeit seiner Formen. Links die dynamische und originelle Skulptur des baskischen Künstlers Andrés Nagel, die sich* Drac *nennt, in ihrem Inneren verbirgt sich eine Rutschbahn für Kinder. Sie steht im* Parc de l'Espanya Industrial, *welcher diesen Namen trägt, weil es dort vor einiger Zeit eine Textilienindustrie gab.*

DIE STRASSEN DER KUNST

Rechts, David-Goliath/Goliath-David *von Antoni Llena, eine 25 m hohe Skulptur aus Stahlrohren und Metallplatten, im* Parc de les Cascades. *Unten, das* Buchmonument *von Joan Brossa in einem anonymen Winkel der* Gran Vía.

Oben, die Skulptur Autovia *von Josep Maria Subirachs, einer der bedeutendsten zeitgenössischen Künstler Kataloniens, der zur Zeit im Atrium der Passionsfassade der* Sagrada Familia *arbeitet.*
Unten, die Katze *von Fernando Botero, dem berühmten Bildhauer und Maler aus Kolumbien, der 1932 in Medellin geboren wurde.*

TALUNYA A LA CIUTAT DE BARCELONA. SETEMBRE DE MCMXCIV
Brossa

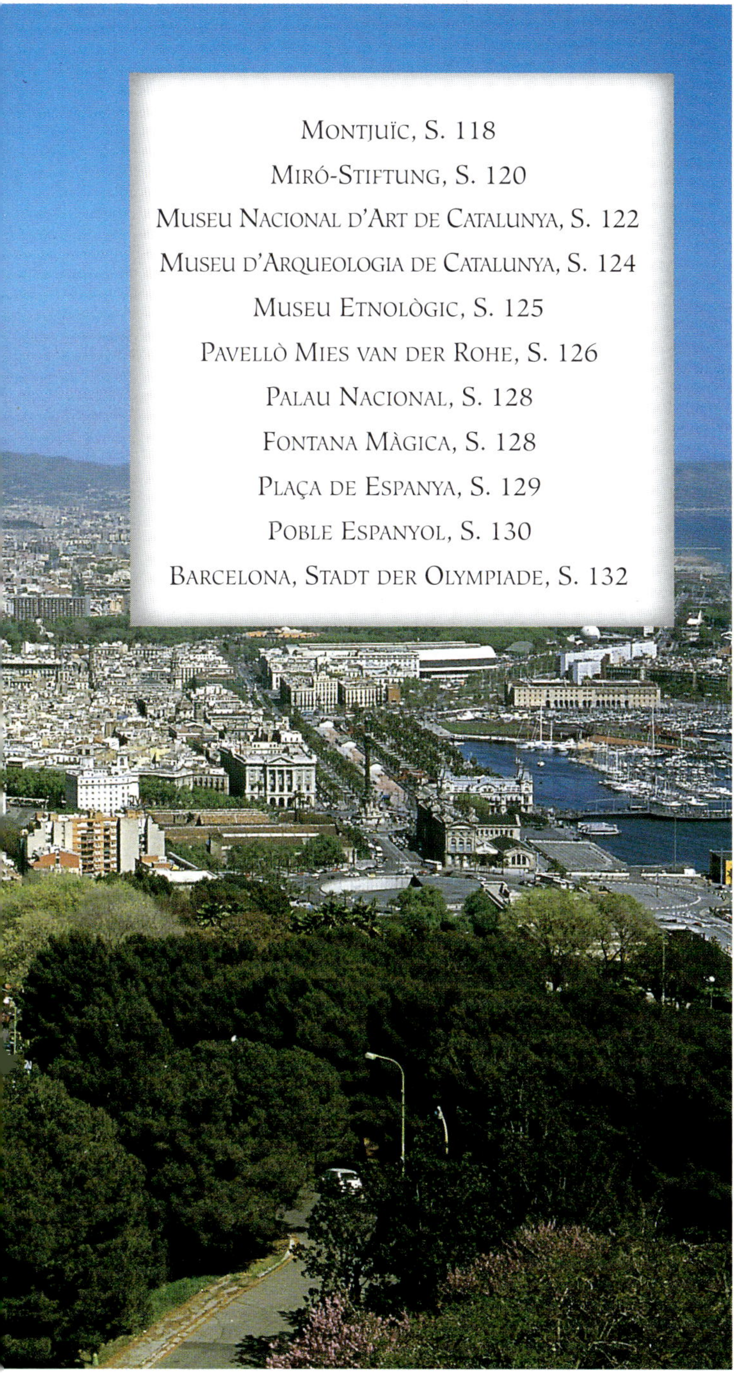

MONTJUÏC

Der Hügel von Montjuïc ist einer der interessantesten Orte der Stadt und spielte schon immer ein strategischer Rolle bei der Verteidigung Barcelonas. Im Jahr 1640, nach dem Krieg "dels Segadors" gegen Philipp IV., baute die Stadt auf der Spitze des Hügels das ***Kastell***, eine militärische Befestigungsanlage. Als sich die Stadt am Ende des unglücklichen Erbfolgekrieges dem bourbonischen Heer Philipps V. ergeben musste, wurde es in ein Militärgefängnis umgewandelt. Erst Anfang der 60er Jahre des 20. Jahrhunderts übergab das Heer das Kastell an die Stadt. Man brachte dort das *Museu Militar* unter, wo alte Waffen, Erinnerungsstücke aus der Schlacht von Lepanto, aus der katalanischen und arabischen Geschichte und ganze Heere von Zinnsoldaten gezeigt werden. Von den Wällen des Kastells hat man einen wunderschönen Ausblick auf Barcelona. Der gesamte Hügel von Montjuïc bietet ein üppiges Schauspiel mit Gärten, Denkmälern, einem Vergnügungspark, Museen und Palästen, eine unwiderstehliche Attraktion für Touristen und Barceloner. Dank der Intuition des Architekten Amargós, dank des französischen Landschaftsplaners Forestier und der Arbeiten, die für die Weltausstellung von 1929 vorge-

Der wundervolle Blick auf Barcelona von der Hügelspitze des Montjuïc und unten links der mächtige Eingang in das alte Kastell.

nommen wurden, erhielt der Montjuïc sein glanzvolles Aussehen. An seinen Alleen findet man den ***Palau Nacional***, der eigens für die Ausstellung erbaut wurde, den ***Pabellón de la Rosaleda***, der das ***Museu Etnològic*** enthält, das ***Museu d'Arqueologia***, ein griechisches Theater, den Botanischen Garten, den Font del Gat (Katzenbrunnen), das Modell Klein-Spanien *Poble Espanyol*, das *Centre d'Estudis d'Art Contemporani* (die Miró-Stiftung) und den *Miramar* (Meeresblick), von wo aus man ganz Barcelona beherrscht.

LA SARDANA

"La sardana es la danza más bella de todas las danzas que se hacen y deshacen, es el móvil, magnífico anillo que con pausa y con medida va lento oscilando." (Joan Maragall, *Elogi de la Sardana*)

Der Gruppentanz *Sardana* ist der Audruck des katalanischen Volkes, symbolisiert Barcelona. Auf dem Hügel von Montjuïc hat der Bildhauer José Cañas sein *Denkmal an die Sardana* errichtet, ein Tanz, den jeder Katalane genau kennt.

MIRÓ-STIFTUNG

Am 10. Juni 1975 machte Joan Miró Barcelona das schönste Geschenk, das man sich vorstellen kann. An jenem Tag öffnete die nach ihm benannte Stiftung ihre Tore – ein kulturelles Zentrum, das Katalonien auf das höchste Niveau der internationalen Kunstszene brachte, die *"Fundació Joan Miró, Centre d'Estudis d'Art Contemporani"*.
Die Stiftung wurde von Joan Prats und vom Architekten Josep-Lluís Sert projektiert. 1976 folgte mit einer großen Ausstellung von 475 Zeichnungen (aus der Zeit zwischen 1901 und 1975) die offizielle Eröffnung der *Fundació* und 1978 verlieh ihr der Europarat den "Museumssonderpreis", eine internationale Anerkennung des phantastischen Werks des katalanischen Malers. "Katalonien und die menschliche Würde liegen mir am Herzen", hatte der Künstler bezeichnender Weise geäußert.
Die Stiftungssammlung besteht aus 11.000 Objekten, die meisten stiftete der Künstler selber: 240 Gemälde, 175 Skulpturen, 9 Gobelins, 4 Keramiken, fast das gesamte graphische Werk und etwa 8000 Zeichnungen. Den Kern der Stiftung bilden die Kunstwerke, die in verschiedenen Räumlichkeiten untergebracht sind, im *Skulpturensaal*, im *Gobelinsaal*, im *Saal Joan Prats*, im *Saal der 60er und 70er Jahre*

JOAN MIRÓ

Man hat gesagt "Joan Miró ist die Nacht, die Stille, die Musik". Joan Miró, einem der größten Künstler des 20. Jahrhunderts, gefiel diese Definition. Mirò wurde am 20. April 1893 in der *Passatge del Crédit Nr. 4* in Barcelona geboren. Die katalanische Hauptstadt und Region haben sein Leben gekennzeichnet. Chagall, der russische Exilkünstler in Paris, schrieb ihm eines Tages: "Du hast Glück mein Junge, Du hast ein Land". Aber Joan Miró hat nie toleriert, dass ihn die Kunstbücher oder Enziklopädien einen "spanischen Künstler" nannten. Er protestierte und erreichte es, dass man ihn als "katalanischen Maler" bezeichnete. Joan Miró begann sehr früh mit der Malerei. Er war mit Picabia, Max Ernst und André Masson befreundet, verkehrte begeistert mit den Dadaisten und kannte Hemingway, Ezra Pound, Jacques Prévert, Henry Miller und, vor allem, Breton, Eluard und Aragon. Seine erste Ausstellung fand 1918 in Barcelona statt. 1919 zog er nach Paris, wo er sich der kubistischen Bewegung anschloß, um dann, im Jahre 1924, zu den Surrealisten überzugehen. Aber vielleicht kann man Miró nicht in Kunstrichtungen einordnen, er ist unverkennbar. Giulio Carlo Argan nannte ihn "die Nachtigall der modernen Malerei". Der Künstler hat stets die Grenzen der Rationalität und des praktischen Sinns überschritten, denn seine künstlerische Ausdrucksweise besitzt inneren Reichtum und Faszinationskraft. Joan Miró starb in Palma di Majorca am Weihnachtstag 1983 im Alter von 90 Jahren und wurde in Barcelona beigesetzt.

und auch auf der großen Dachterrasse, die ein besonders reizvolles Ambiente bietet. Doch die Stiftung zeichnet sich außerdem durch die unermüdliche Organisation von Ereignissen aus, Wechselausstellungen zeitgenössischer Künstler, musikalische Darbietungen, didaktische Initiativen für die Jugend und Diskussionen zu den "Positionen zeitgenössischer Kunst heute".

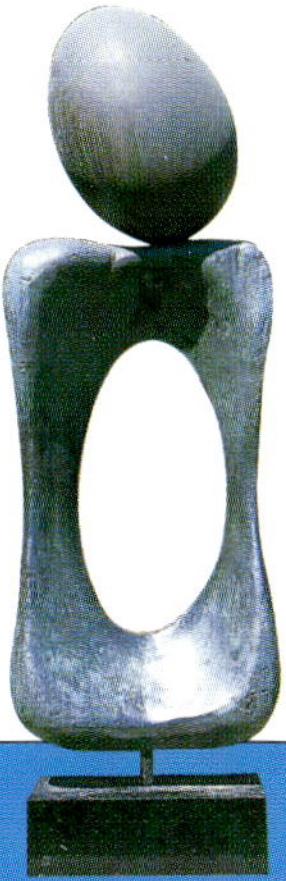

Einige der bedeutenden Werke von Joan Miró, die der ganze Stolz der nach ihm benannten Stiftung sind und sich in dem eigens errichteten weißen Gebäude in Barcelona befinden, das man unten links erkennt. Man beachte insbesondere Bronzeskulpturen wie die unten rechts, Die Liebkosung eines Vogels *von 1967, dem Jahr in dem der Künstler begann, die Bronze intensiv farbig zu gestalten, und weiterhin die Skulpturen* Personnage *(oben links) und* Monument *(links), welche beide 1970 entstanden.*

MUSEU NACIONAL D'ART DE CATALUNYA (MNAC)

Der auf dem Hügel von Montjuïc gelegene *Palast der Weltausstellung* (1929) an der *Plaça de Espanya* und enthält das Museum für katalanischen Kunst, höchstwahrscheinlich die umfangreichste Sammlung romanischer Kunst Kataloniens überhaupt und eines der wichtigsten Museen für Tafelgemälde und gotische Skulpturen. Das von Josep Lluís Pellicer gegründete Museum wurde von dessen Nachfolger, Joaquím Folch y Torres, erweitert, der es um zahlreiche Fresken aus verschiedenen religiösen Bauwerken Nordkataloniens bereicherte. Zu den wichtigsten Werken der der romanischen Kunst zählen die Fresken der Kirche von Sant Joan de Bohí (*Das Martyrium des Hl. Stephanus*), die aus der Apsis der Kirche St. Klemens in Tahull mit *Christus Pantokrator* und der *Hl. Jungfrau und den Aposteln* (12. Jh.), und die aus den Kirchen Santa María de Tahull, Santa María de Aneu und San Ginestarre de Cardós (12. Jh.). Eine Gruppe von Werken wird dem sogenannten "Meister von Pedret" zugeschrieben, mit Motiven, die der byzantinischen Kunst nahestehen (11.-12. Jh.). Unter den hölzernen Altaraufsätzen des Museums beachte man den aus Seu d'Urgell (12. Jh.), den mit vielfarbigen Reliefs von Santa María de Tahull (12. Jh.) mit dem *Thronenden Gottvater*, den aus Volltarga und den aus Sorriguerola, bereits aus der Übergangszeit zwischen Romanik und Gotik. Die gotische Kunst ist durch eine Reihe von Retabeln vertreten, zu denen das aus Santa Coloma de Queralt, das Juan von Tarragon zugeschrieben wird zählt, und das sogenannte *Retabel von Sigena* der Gebrüder Serra. Wichtige Momente der katalanischen Kunst repräsentieren Lluis Borrassá (siehe die *Auferstehung*, 1. Hälfte des 15. Jahrhunderts), durch den die katalanische Kunst international wurde, Lluís Dalamu, der sich von der flämischen Kunst anregen ließ (*Verge dels Consellers*, 1445) und der berühmte Jaume Huguet (1436-1486), ein Interpret des flämischen Naturalismus im Rahmen der katalanischen Kunst, Ende 15. Jahrhundert (*Die Weihe des Hl. Augustinus*). Auch die spanische Malerei

Der gewaltige Palast der Weltausstellung – heute Palau Nacional – auf dem Hügel von Montjuïc enthält das Museu Nacional d'Art de Catalunya.

des 16. und 17. Jahrhunderts ist mit Werken von Pedro Berruguete, Velázquez, El Greco und Zurbarán bestens vertreten. In diesem Bauwerk befindet sich auch die **Sammlung Cambò.** Letztere trägt den Namen des Finanziers und Staatsmannes Francesco Cambò, der um 1900 gelebt hat. In dieser Pinakothek befinden sich Werke bekannter Maler, von alten Meistern bis zu modernen Künstlern. In demselben Gebäudekomplex sind auch Sammlungen des **Keramikmuseums** untergebracht.

Einige der im Museum aufbewahrten Fresken, darunter rechts ein Christus Pantokrator *(12. Jh.), und unten ein Wandgemälde für ein Grab (11. Jh.).*

MUSEU D'ARQUEOLOGIA DE CATALUNYA

Die Sammlungen des Archäologischen Museums sind im *Pavillon der Graphischen Künste* der Weltausstellung von 1929 zu sehen, der sich im Park von Montjuïc befindet. Das den antiken Kulturen des Mittelmeers gewidmete Museum besteht aus mehr als dreißig Sälen, in denen die Objekte in chronologischer Reihenfolge ausgestellt sind. Sie entsprechen dem Zeitraum von der Vorgeschichte bis zum 8. Jahrhundert. In den *Sälen I-X* werden prähistorische Funde aus der Steinzeit gezeigt. Besonders sehenswert sind die Keramiken aus Guadix und die Rekonstruktionen der bedeutendsten Dolmen auf spanischem Boden. Die *Säle XI-XIII* enthalten Schmuckstücke der balearischen Inseln aus der Bronzezeit. Der *Saal XIV* ist der Keramik aus dem hellenistischen, punischen und vorrömischer Bereich gewidmet. Besonders sehenswert ist der *Saal XV* mit Funden, die bei Grabungen in Ampuries ans Licht kamen. Höhepunkte sind sowohl die beiden griechischen Skulpturen der *Venus* und des *Äskulap* als auch die römische Mosaik-Darstellung der *Iphigenie*.

Die *Säle XVI-XVII* zieren Keramiken aus dem Umkreis des Mittelmeers und im besonderen aus griechischen, italischen und etruskischen Gebieten. Auch Beispiele römischer und hellenistischer Skulptur, sowie Fragmente von Fresken römischer und etruskischer Herkunft werden hier gezeigt. In *Saal XVIII* finden wir Gefäße verschiedener Herkunft aber vor allem aus Griechenland, Apulien und Kampanien (6.-4. Jh. v. Chr.) Der *Saal XIX* rühmt sich interessanter etruskischer Gegenstände aus Bucchero-Ton (7. und 6. Jh. v. Chr.). Die *Säle XX-XXIII* sind Funden aus dem iberischen und römischen Raum gewidmet (Kunsthandwerk). In den *Sälen XXIV-XXVI* werden interessante Beispiele römischer Mosaike ausgestellt; besonders sehenswert sind die Darstellungen des *Wagenrennens im Circus*

Die Äskulap-Statue, die im Museu d'Arqueologia de Catalunya von Barcelona zu sehen ist.

und *Die Drei Grazien*. Die *Säle XXVII-XXXI* sind der Rekonstruktion eines römischen Hauses vorbehalten. Im *Saal XXXIII* stehen einige Sarkophage aus frühchristlicher Zeit, während im Vorraum wertvolle Objekte westgotischer Goldschmiedekunst dargeboten werden.

MUSEU ETNOLÒGIC

Die Sammlungen des Ethnologischen Museums werden in einem modernen Gebäude aufbewahrt, das von den Gärten von Montjuïc umgeben ist. Das Museum enthält Gebrauchsgegenstände, Kunsthandwerk und Kostüme aus Ozeanien und aus einigen asiatischen, afrikanischen und amerikanischen Regionen, die während der zahlreichen spanischen Entdeckungsfahrten gesammelt worden sind. Besonders bedeutend sind die Zeugnisse der präkolumbianischen und postkolumbianischen Zivilisation, aber auch Objekte von Ureinwohnern, insbesondere der Eingeborenen Australiens. Ebenfalls erwähnenswert sind die Keramiken aus Japan und verschiedene Stücke, die aus Senegal und Marokko stammen.

Oben der Haupteingang in das Museu d'Arqueologia, das im Pavillon der Graphischen Künste der Weltausstellung von 1929 untergebracht ist; unten das moderne Bauwerk, in dem man das Museu Etnològic besichtigen kann.

PAVELLÒ MIES VAN DER ROHE

Das von Ludwig Mies van der Rohe (1886-1969) für die Weltausstellung von 1929 als deutscher Pavillon entworfene Gebäude wurde sechs Monate nach dem Ende der Ausstellung abgeräumt, blieb aber dennoch für Generationen von Architekten aus aller Welt Bezugspunkt und Anregung. Der Bau aus Marmor, Travertin und Glas bestach durch seine rationale Klarheit. Das anhaltende Interesse für diese nicht mehr vorhandene Struktur führte schließlich dazu, dass man in Voraussicht des hundertsten Geburtags seines Entwerfers beschloss, den Pavillon in seiner ursprünglichen Form und in derselben Umgebung wieder aufzubauen. Die Arbeiten begannen 1983 und waren drei Jahre später abgeschlossen. In dieser Architektur zeigt sich die Quintessenz der Konzeption des großen *Bauhaus*-Direktors. Die Wände aus rötlichem Marmor und Onyx wirken unter dem Flachdach ausgesprochen leicht und die beiden Wasserbecken reflektieren die Licht- und Schattenspiele auf den Säulen aus Chromstahl und auf dem geglätteten Stein. Heute ist der Pavillon wieder dem Publikum zugänglich und enthält die **Fundació Mies van der Rohe**. Sie wurde 1983 gegründet und rühmt sich einer umfassenden Bibliothek zum Werk des Meisters. Die Stiftung organisiert Kongresse und Ausstellungen und fördert die Forschung und Dokumentationsarbeit zur modernen Architektur.

Die einmalige Linienführung ist das entscheidende Element der zeitlosen Moderne dieses Pavillons von Mies van der Rohe.

GEORG KOLBE (1877-1947)

Der in Waldheim in Sachsen geborene Georg Kolbe war einer der bedeutendsten deutschen Bildhauer in der ersten Hälfte des 20. Jahrhunderts. Er übte einen starken Einfluss auf die Künstler seiner Generation aus, insbesondere wegen seiner idealen Aktdarstellungen. Nachdem er von 1891 bis 1898 in Dresden, München und Paris Malerei und Zeichnung studiert hatte, hielt er sich von 1898 bis 1901 in Rom auf, von wo er nach Deutschland zurückkehrte. Solide theoretische Kenntnisse ermöglichten ihm im folgenden Jahrzehnt eine Klärung seiner Expressivität und seines persönlichen Stils. Er wurde Mitglied der Preußischen Akademie der Künste und war bald ein anerkannter Maler und Bildhauer. Mit seinem Werk hat er stets größte Aufmerksamkeit erregt und zu allen Zeiten spiegelte es die Ereignisse der Zeitgeschichte (Erster Weltkrieg, Weimarer Republik, Drittes Reich, Zweiter Weltkrieg) und seines persönlichen Geschicks wie beispielsweise der tragische Tod seiner Frau (1927). Im ehemaligen deutschen Pavillon der Weltausstellung von 1929 steht auch eine Skulptur Kolbes, *Der Morgen* von 1925, die mit der geometrischen Architektur Mies van der Rohes bestens harmonisiert und dazu beiträgt, dass die Gesamtanlage eine Atmosphäre von kontemplativer Ruhe und Entspanntheit ausstrahlt.

Der Morgen von Georg Kolbe

An der *Font Màgica* bilden zwei konzentrische Becken verschiedener Höhe den Hauptkörper; 2.430 Liter Wasser pro Sekunde schießen in den Brunnen, die zentrale Fontäne erreicht und überschreitet eine Höhe von 50 Metern. Pumpen und Ventilatoren mit 1.413 Dampf-Pferdestärke und 4.730 Glühlampen von insgesamt 1.445 Kilowatt beträgt die aufgewandte Energie. Barcelona hat es bei der katalanischen Version von *"Son et lumière"* an nichts fehlen lassen. Im Einmannbetrieb werden von einer Kabine aus die Lichtspiele des Magischen Brunnens den ganzen Sommer über in Funktion gehalten.

PALAU NACIONAL

Zwei Glockentürme in reinstem venezianischem Stil bilden den Eingang zur alten Umzäunung der Weltausstellung von 1929. Durch die zwei Türme gelangt man zur breiten *Avinguda de la Reina Maria Cristina,* eine vom Architekten Raventós geplante Allee. Die Perspektive der Allee ist kühn, von der *Plaça de Espanya* erlebt man die rasche Abfolge der Anlagen des Messeviertels, bis hin zu den außergewöhnlichen Wasserspielen des Brunnens von Carles Buïgas. Im Hintergrund, an den Hängen des Montjuïc erhebt sich das gewaltige Bauwerk des *Palau Nacional,* gegenüber dem kleinen Berg, auf dem die Basilika von Tibidabo steht. Am Fuß der Treppe, die zum *Palau Nacional* führt, liegt dann der bereits erwähnte Brunnen, den der Ingenieur Carles Buïgas konzipierte. Der "leuchtende Brunnen" ist als *Font Màgica* von Barcelona bekannt. Seine Wasser- und Lichtspiele bilden an den Sommerabenden ein Kaleidoskop, das mit seinen Reflexen die ganze Stadt beleuchtet. Über dreißig Lichtkombinationen sind möglich, ein Farbenmosaik und schillernder Regenbogen, der nie zu enden scheint.
Von dem magischen Brunnen steigt man zum *Palau Nacional* empor, in dem die Sammlungen des ***Museu d'Art de Catalunya*** aufbewahrt werden. Auch der *Palau Nacional* wurde vom Ingenieur Buïgas für die Weltausstellung von 1929 geplant. Während der Ausstellung beherbergte er die der Elektrizität gewidmete Abteilung.

Der Palau Nacional mit den fantastischen Licht- und Wasserspielen der Font Màgica.

Die beiden hohen Türme, am Campanile von San Marco in Vendeig inspiriert, die sich zwischen dem Palau Nacional und der Plaça de Espanya erheben. Unten, der monumentale Brunnen in der Platzmitte.

PLAÇA DE ESPANYA - An der Kreuzung zwischen der *Avinguda Gran Via de les Corts Catalanes* und der *Avinguda del Paral-lel* befindet sich die *Plaça de Espanya*, einer der Hauptverkehrsknotenpunkte der Stadt. Dieser gewaltige, dicht befahrene Platz bildete den repräsentativen Eingang zum alten Messeviertel der Weltausstellung von 1929. In der Platzmitte steht ein monumentaler *Brunnen* des katalanischen Architekten Jujol, einer von Gaudís besten Schülern. Die drei *Statuen* von Olsé, die den Brunnen auf drei Seiten schmücken, haben eine genaue Symbolik. Sie sind Allegorien der drei Meere, die die spanischen Küsten bespülen, das *Mittelmeer*, das *Kantabrische Meer* und der *Atlantische Ozean*. Auf der *Plaça de Espanya*, wo die wichtigsten Fluggesellschaften ihren Sitz haben und sich der Terminal der Iberia befindet, steht auch die zweite *Plaça de Toros* von Barcelona, *Les Arenes*. Diese Stierkampfbahn wurde am Ende des 19. Jahrhunderts errichtet und kann bis zu 15.000 Zuschauer aufnehmen. An dem Platz erheben sich auch drei mächtige Gebäude aus roten Ziegelsteinen. Es handelt sich um ehemalige Hotels, die 1929 die Besucher der Weltausstellung beherbergten.

POBLE ESPANYOL - *Poble Espanyol* ist eine Art Miniaturspanien, das etwa zwei Hektar des Hügels von Montjuïc bedeckt. In diesem begehbaren Dorf sind Straßen, Plätze, Häuser und Paläste, wichtige und charakteristische Winkel von Städten und Ortschaften in Katalonien, Aragonien, Andalusien, Galicien, Kastilien, den Balearen, in Navarra und Extremadura naturgetreu reproduziert. *Poble Espanyol* wurde von Xavier Nogués, Miquel Utrillo und Ramón Raventós für die Weltausstellung von 1929 geschaffen.
Die Rekonstruktionen, die mit erstaunlicher Sorgfalt verwirklicht wurden, bilden eine vollständigen Qerschnitt der spanischen Architektur, in dem die architektonischen Merkmale der nördlichen und südlichen, der Berg- und Meeresregionen zusammengefasst sind. Das Dorf ist durch die zwei imposanten Wachtürme der *Puerta de San Vicente* zugänglich, Beginn des Mauerrings, der das Dorf umgibt und der Stadtmauer von Ávila nachgebildet ist. Nach dem Tor gelangt man auf die *"Plaza Castellana"*, wo sich rechts, in der *"Calle de la Conquista"*, die den Gebäuden von Cáceres nachgebauten Häuser erheben. Von dort, durch die Portiken von Sangüesa, erreicht man die *Plaza Mayor* mit typischen Häusern von Guadalajara, Madrid, Segovia, Santander, usw. An dem Platz

In jedem Winkel des originellen Poble Espanyol kann man faszinierende Entdeckungen machen, wie die Puerta de San Vicente (links), die Treppen von Santiago (unten links) und die einmalige Plaza Mayor (oben).

steht auch der Nachbau des Rathauses von Vall-de-Roures. Links von der *Plaza Mayor*, befinden sich die sogenannten *Treppen von Santiago* und andere gewaltige galicische Bauten.

Auf der benachbarten *"Plaza Aragonesa"* kann man den Glockenturm der Kirche von Utebo im malerischen *Mudéjar*-Stil bewundern. An diesem Platz beginnt die zauberhafte Rekonstruktion des weißen andalusischen Viertels, dem die des katalanischen folgt, wo unter anderem eine alte Apotheke nachgebildet ist. Wenn man hingegen von der *Plaza Mayor* der *"Calle de los Caballeros"* folgt, befindet man sich im kastilischen Viertel mit seinen einfachen, schmucklosen Bauernhäusern. Danach stößt man auf die Häuser der baskischen Region und der von Navarra.

An der *Plaza Mayor*, dem idealen Hintergrund für folkloristische Veranstaltungen und Feste, beherbergt die *Casa Pallaresa* eines der wichtigsten Museen des Dorfes, das **Museum des Handwerks, der Arbeit und der Volkskunst**, das den katalanischen Bräuchen und Traditionen gewidmet ist. In der Nähe ist es möglich, das **Museum der Grafischen Künste** zu besichtigen, das einen interessanten Überblick über die Druckerkunst und die grafischen Techniken bietet.

Im ganzen Dorf gibt es zahlreiche kleine Läden, die auf den Verkauf von regionalen Artikeln spezialisiert sind und wo vor den Augen der Besucher Handwerksprodukte aus Ton, Glas, Schmiedeeisen und Holz entstehen.

Jenseits des Mauerrings befindet sich das *romanische Kloster*, dessen Fresken die typische Dekorationsmalerei der kleinen katalanischen Kirchen in den Pyrenäen reproduzieren.

BARCELONA, STADT DER OLYMPIADE

Dank der Wahl Barcelonas als Sitz der Olympischen Spiele von 1992, konnte die Metropole viele Reformen und Verbesserungen an den Infrastrukturen durchführen. Das Verkehrsnetz spiegelt die großen Veränderungen, es entstanden neue Tunnel, breite Schnellstraßen innerhalb der Stadt, Promenaden wie der *Paseo Picasso* und Alleen wie die *Avenida Gaudí*, aber auch Autobahnen und Umgehungsstraßen. Die Stadt verfügt nun über neue Parks wie den von *Collserola* und *Vall d'Hebron*. Außerdem modifizierte man das Eisenbahnnetz und erweiterte den Flughafen. Eines der überraschendsten Projekte war zweifellos der Bau des Viertels *Nova Icària*, es verdankt seinen Namen Etienne Cabet und dessen Utopie eine ideale Stadt zu gründen. Das neue Viertel liegt zwischen dem *Parc de la Ciutadella* und dem *Cementiri del Poblenou* (Friedhof Poblenou) und ist Teil eines der vier olympischen Viertel, d. h. dem von *Parc de Mar*. Für die gesamte Dauer der Olympischen Spiele diente es als das *olympische Dorf*, das die teilnehmenden Sportler und ihre Begleiter aufnahm. Aber der Brennpunkt der Olympischen Spiele Barcelona 1992 war zweifellos das Gebiet um den Montjuïc herum, der weitgehend erschlossen wurde, um einen großen Teil der sportlichen Anlagen aufnehmen zu können. ***Anella Olímpica*** (Olympischer Ring) nannte man den neu ausgebauten Teil des Hügels, der in die Stadt intergriert wurde. Das alte Stadion (heute Olympiastadion), noch aus der Zeit der Weltausstellung von 1929, wurde ausgebaut und sein Fassungsvermögen auf 60.000 Personen erweitert, wobei man die alte Fassade beibehielt. Der *Palau Sant Jordi*, der Sportpalast des Architekten Arata Isozaki, verrät architektonische und technologische Meisterschaft, dient für Wettkampfgymnastik und fasst 17.000 Personen. Es entstanden der *Pavelló de l'Espanya Industrial* (der Pavillon der Spanischen Industrie) innerhalb eines städtischen Parks, der *Palau de la Metallúrgica*, der zur Zeit Teil des Messegeländes

SANTIAGO CALATRAVA

Der Architekt Santiago Calatrava wurde 1951 in Valencia geboren, wo er erst die Kunstschule und dann die Architekturfakultät besuchte. 1975 ging er nach Zürich, um am Polytechnikum Ingenieurwesen zu studieren. Nach dem Abschluss (1979) arbeitete er als Assistent erst am Institut für Statik, dann am Institut für Leichtbau. In Zürich gründete er 1981 ein Büro, nahm an den ersten Wettbewerben teil und erhielt Aufträge in Spanien und der Schweiz, darunter den Bahnhof Stadelhofen in Zürich. Mit dessen Abschluss (1990) gewann er internationalen Rang und konnte ein Büro in Paris eröffnen. In jenen Jahren bot sich ihm, beim Ausbau Barcelonas für die Olympischen Spiele, die Gelegenheit, ein unübersehbares Zeichen zu setzen. Zwischen 1989 und 1991 errichtete er den zukunftsgewandten Fernmeldeturm, ein Meisterwerk aus weißem Stahl, der nach ihm *Torre de Calatrava* benannt ist (rechts), auf der Spitze des Hügels Montjuïc.

ist und der *Pavelló de l'Institut Nacional d'Educació Física de Catalunya*, (der Pavillon des Nationalinstitutes für Leibeserziehung). Das Gebiet um den Montjuïc wurde schließlich durch das Messegelände und den *Palau Municipal d'Esports* (den städtischen Sportpalast) vervollständigt.

Oben links, der Palau Sant Jordi, eine elegante Sportanlage des Architekten Isozaki und unten links, das erneuerte, moderne Olympiastadion.

D I E U M

Die schnelle Entwicklung Barcelonas in den 80ziger und 90ziger Jahren des 20. Jahrhunderts brachte die Ausdehnung nach Westen, ins Innenland mit sich, in Richtung auf die Hügel, die die Stadt umgeben. Im höher gelegenen Teil Barcelonas erfolgte eine starke Bauentwicklung und entstanden die stolzen Sportanlagen auf der *Area de la Diagonal*, die sich *Camp Nou* (Neues Feld) und *Estadi de Sarrià* (Sarrià-Stadion) nennen. Noch weiter oben liegen das *Monestir de Pedralbes* (Kloster Pedralbes) und der *Palau Reial*, wahre Juwelen der Baugeschichte und der *Tibidabo*, ein in Barcelona beliebtes Ziel für Ausflüge in Stadtnähe.

DAS FUSSBALLSTADION UND SEINE MANNSCHAFT

Für eine große Mannschaft bedurfte es eines großen Stadions, das des *Camp Nou* ist das größte Europas, kann 100.000 Zuschauer fassen und ist der Stolz der ganzen Stadt wegen seiner architektonischen Form und modernen Ausrüstung. Als am 29. November 1899 der Schweizer Hans Gamper eine Annonce in eine Lokalblatt setzte, weil er Fußballspieler suchte, konnte er nicht ahnen, dass aus diesen elf Auserwählten eine der berühmtesten Mannschaften der Welt entstehen würde. Eine Fußballmannschaft die, wie schon das Motto *"Més que un club"* besagt, nicht nur ein Verein, sondern geradezu ein Glaube und ein Symbol politischer und kultureller Indentität werden sollte. *"Visca el Barça"* (Barcelona voran) ist nicht nur der Schlachtruf der Fußballfans im *Camp Nou*, es ist auch ein leidenschaftlicher Anspruch, eine nicht nur auf den Fußball begrenzte Rivalität mit dem Feind von immer, dem Real Madrid.

NICHT NUR FUSSBALL - Das *Camp Nou* ist nicht nur die Kulisse von Sport, sondern auch anderer Ereignisse, die Tausende von Zuschauern anlocken: die Konzerte von Bruce Springsteen und Michael Jackson, von Julio Iglesias und den drei Tenören Carreras, Domingo und Pavarotti bis hin zur feierlichen Messe von Papst Johannes Paul II. am 7. November 1982 vor 120.000 Gläubigen; damals erhielt der Papst vom Clubpräsidenten die Mitgliedskarte Nr. 108.000!

Rechte Seite, oben, Barcelonas legendärer Camp Nou.

GEBUNG

Museu FC Barcelona President Núñez
Die Idee, dem Fußballclub ein Museum zu widmen, hatte 1920 bereits Hans Gamper. 1984 ließ der Club-Präsident Núñez diesen Traum Wirklichkeit werden, es gibt drei Abteilungen, eine historische (Trophäen, Fotos, Audiovisionen), eine künstlerische (Arbeiten von Dalí, Miró, Subirachs) und eine dokumentarische (Bibliothek, Zeitschriftensammlung, Fotoarchiv).

Die Größe des FC Barcelona zeigt sich auch in seiner eindrucksvollen Siegesliste: 24 Königspokale, 16 Nationalmeisterschaften, 2 europäische Superpokale, 5 spanische Superpokale, 3 Uefa-Pokale, 4 Pokale der Pokale und der mythische Pokal der Champions League, errungen am 21. Mai 1992.

PALAU REIAL DE PEDRALBES

Pedralbes ist eines der wohhabendsten Wohnviertel der Stadt, wo Gebäude im *Jugendstil* neben eleganten Villen und modernen distinguierten Häusern stehen. Das Grün der Hecken und Gärten ist jedoch das vorherrschende Merkmal des Viertels. Der **Königspalast von Pedralbes** befindet sich in der Universitätsstadt, am Ende der *Avinguda Diagonal*, und wurde zwischen 1919 und 1929 als Wohnsitz für Alfons XIII., spanischer König, in italienischer Neorenaissance erbaut. Derzeitig dient er als Residenz für Staatsbesucher, er kann aber besichtigt werden und ist von einem bezaubernden Park umgeben. Außer dem *Museu de Cerámica* bewahrt der Palast das 1932 eröffnete ***Museu d'Arts Decoratives***, das aus der Vereinigung verschiedener Privatsammlungen hervorging und durch Schenkungen erweitert wurde. Es enthält verschiedene Abteilungen, Einrichtungsgegenstände aus früheren Zeiten, Stickereien, Stoffe, Gobelins aus Flandern, Glasdekor aus vorrömischer Zeit bis zum 18. Jahrhundert, Porzellan, eine interessante Kutschengalerie und eine neue Sammlung zum spanischen Industrial Design (von 1995). Eine Führung ermöglicht die Bewunderung der reichen Innenausstattung (der prunkvolle *Thronsaal* hat ein Gewölbe, das mit vorgetäuschten Architekturen bemalt ist), des

Palau Reial de Pedralbes, oben, der Garteneingang, unten, der prächtige Thronsaal und eines der Schlafzimmer.

Mobiliars, zum Teil aus Italien kommend, und der wertvollen Porzellan-, Uhren-, Gobelin-, Fächer- und Gemäldesammlungen (mit einigen Bildern von Luca Giordano).

REIAL MONESTIR DE PEDRALBES

Dieses Kloster ist einer der eindrucksvollsten Zeugen des alten Barcelona und wurde von der Königin Elisenda de Montcada gegründet, der vierten und letzten Gemahlin Jakobs II. Das zwischen 1326

Das Äußere des Reial Monestir de Pedralbes mit dem achteckigen Turm und dem Kreuzgang samt seinem hübschen Garten.

und 1419 von Ferrer Peiró und Domènec Granyer erbaute Kloster ist eines der schönsten Beispiele katalanischer Gotik. Das von Klarissenschwestern bewohnte Bauwerk kann nur teilweise besichtigt werden. Man beachte außen an der Kirche den schönen achteckigen Turm und an der Fassade die Familienwappen der Montcada. Das eindrucksvolle, einschiffige **Innere** beleuchten farbige Glasfenster aus dem 14. Jahrhundert. Dort befindet sich das *Monumentalgrab der Königin Elisenda* mit der ruhenden Alabasterstatue. Würdig ist auch der *Kapitelsaal* mit einem kostbaren farbigen Glasfenster aus der 1. Hälfte des 15. Jahrhunderts. Von dem luftigen Kreuzgang mit drei übereinandergelagerten Umgängen, die von eleganten Säulen gestützt werden, gelangt man zur *Kapelle St. Miquel*, in der die herrlichen Fresken mit Szenen aus dem *Marienleben* von Ferrer Bassá (1290-1348) zu sehen sind, er war einer des größten katalanischen Maler und Miniatoren des 14. Jahrhunderts. Bassá, der einige Jähre auch in Italien tätig war, verlieh den ekstatischen Figuren der verschiedenen Szenen, die von einem blauen Hintergrund beherrscht werden, Elemente der sienesichen Malerei und der Giottoschule. Die 1343 entstandenen Gemälde sind in gutem Zustand. Im Inneren des Klosters befindet sich zur Zeit ein **Museum**, das der mittelalterlichen Malerei und Skulptur sowie lithurgischen Objekten gewidmet ist. Aber es enthält auch einen bedeutenden Teil der Sammlung des Barons von Thyssen, die der spanische Staat aufgekauft hat.

TIBIDABO

Der *Tibidabo* ist der höchste Punkt (über 500 m hoch) der *Collserola*, jener Bergkette, die die Stadt umgibt und vor den Nordwinden schützt.
Von dieser bescheidenen Erhebung aus, die man mit dem Bus, dem Auto oder mit der Seilbahn erreichen kann, hat man eine schöne Aussicht auf die Stadt mit dem Meer im Hintergrund, auf die anderen Gipfel der Bergkette (wie *La Arrabassada* und *Sant Pere Màrtin*), den *Montserrat* und, noch weiter nödlich, auf die Bergspitzen der Pyrenäen.
An den Abhängen des Tibidabo befinden sich das **Astronomische Observatorium** und das **Physikalische Museum**. Beide sind zu Beginn des 20. Jahrhunderts auf Veranlassung von Camilo Fabra, dem Markgraf von Alella, entstanden.
Die eindrucksvolle, vom Architekten Enric Sagnier in gotischem Stil erbaute **Basílica Sagrat Cor de Jesús** (Herz-Jesu-Sühnekirche) bekrönt die Spitze des *Tibidabo*. Ein Aufzug im Kircheninnern bringt uns noch weiter nach oben und vergrößert die bereits weite Aussicht, die der Berg bietet. Auf der höchsten Fiale des Gebäudes breitet die *Jesusstatue* ihre offenen Armen über die darun-

Eine wundervolle und grenzenlose Aussicht genießt man vom Tibidabo über die darunter gelegene Stadt und das Meer. Rechte Seite oben, das Astronomische Observatorium an den Abhängen des Tibidabo und die zukunftsorientierte Torre de Collserola.

NORMAN FOSTER

Der 1935 in Manchester geborene Norman Foster gilt als einer der bedeutendsten Vertreter der sog. *High-Tech*-Architektur. Er beschloss seine Studien an der Manchester University und erwarb sein *Master's Degree* in Architektur an der Yale University, wo er Richard Rogers kennenlernte: auch er ein englischer Student, der ein berühmter Protagonist der modernen Architektur werden sollte. Zurück in England (1963) gründeten Foster und Rogers mit Su Rogers und Wendy Foster ein Büro, das sich "Team4" nannte. 1967 bildeten Norman und Wendy Foster das Büro "Foster Associates", heute "Foster and Partners" mit etwa 500 Angestellten. Zu den neueren Projekten zählen die *Millennium Bridge* in London und der neue internationale Flughafen von Hong Kong.

terliegende Stadt aus. Der **Vergnügungspark** des *Tibidabo* lockt sowohl die Touristen als auch die Einheimischen an. In einem eindrucksvollen Rahmen von Terrassen, Alleen, Plätzen und köstlichen Gärten bilden die Achterbahn, das Labyrinth, das Geisterhaus und die zahlreichen Lokale, Cafés und Restaurants Entspannung und Unterhaltung.
Teil der zahlreichen Attraktionen des *Tibidabo* ist das einzigartige **Automatenmuseum**, das eine große Anzahl an Robotern und Automaten aus der ganzen Welt und aus verschiedenen Epochen zu bieten hat.
In unmittelbarer Nähe des Tibidabo, unter den vielen interessanten Wohnsitzen ist vor allem die *Villa Joana* zu erwähnen, die in die ***Casa Museu Verdaguer*** verwandelt wurde, zu Ehren des zeitgenössischen katalanischen Dichters M.-J. Verdaguer, der dort bis zu seinem Tod lebte. Die Villa ist umgeben von dem weitläufigen und begrünten *Parc de Vallvidrera.* Interesse verdient auch die *Torre de Collserola* (Turm der Telekommunikation Barcelonas), die 1992 während der Olympischen Spiele von 1992 eingeweiht wurde, nach einem Projekt von Norman Foster. Der 288 m hohe Turm verfügt über 13 Plattformen. Die zehnte Plattform dient als ***Mirador*** (Aussichtspunkt) und man erreicht sie über einen Aufzug, der 135 Meter in weniger als zwei Minuten zurücklegt. Vom Mirador überblickt man die gesamte Stadt und bei normalen meteorologischen Bedingungen hat man eine Aussicht bis zu 70 km Entfernung.

Die Basílica Sagrat Cor de Jesús auf der Höhe des Tibidabo wird von der gewaltigen Christusstatue beherrscht, die die gesamte Stadt zu umarmen scheint. Rechte Seite, Ansichten des berühmten Vergnügungsparks mit zahlreichen Attraktionen, die in den achtziger Jahren des 20. Jahrhunderts erneuert wurden.

TI
BI
DA
BO

Carroussel

Panoramic

Aeromàgic

Das Kloster Montserrat und links die Seilbahn, welche zu der Kapelle führt, die Gaudí an der Stelle errichtete, wo die Madonna erschienen sein soll. Rechte Seite, die monumentale Treppe (oben) und das Innere (unten rechts) der Kirche, wo die vielverehrte Moreneta (unten links) aufbewahrt wird.

MONTSERRAT

Das Bergmassiv von *Montserrat* liegt ungefähr 30 km nördlich von Barcelona, der höchste, nach dem Hl. Hieronymus benannte Gipfel ist sogar mehr als 1.000 m hoch. Der katalanische Ausdruck Montserrat bedeutet "zersägter Berg" und passt genau zu dem massigen Gebirgskamm, der seit undenkbaren Zeiten der Witterung ausgesetzt ist. Das gut besuchte *Montserrat* lockt auch zahlreiche Touristen an. Fest steht, dass es auf dem *Montserrat* ab dem 8. Jahrhundert einige Einsiedeleien gab, darunter eine, die sich St. Maria nannte und vom Bischof Oliva im 11. Jahrhundert in ein kleines Kloster umgewandelt wurde, Vorläufer des heutigen Heiligtums. Das Kloster wurde in ganz Katalonien berühmt, dank der wundertätigen Madonnenstatue (12. Jh.), die sich noch heute im Heiligtum befindet und von den Katalanern aufgrund ihrer braunen Farbe *"Moreneta"* genannt wird und der Legende nach in einer Höhle des Berges erschienen sein soll. Der Widerhall davon breitete sich schnell in ganz Europa aus, überall entstanden religiöse Bauten, die nach der Madonna von Montserrat benannt waren. Eine Insel der Antillen erhielt sogar den Namen Montserrat. Zu den berühmtesten, mit dem Kloster verbundenen Persönlichkeiten gehörten Giuliano della Rovere (der spätere Julius II.), dem die Errichtung des gotischen Kreuzgangs (1467) zu verdanken ist, Kaiser Ferdinand III., der der Benediktinergemeinschaft großzügige Spenden zukommen ließ, Francesco

Borgia, Luigi Gonzaga, der Hl. Ignatius von Loyola, Goethe und Schiller, die den Berg in einigen ihrer Werke verewigten. Ab dem 16. Jahrhundert wurde die Einsiedelei um eine Kirche, zahlreiche Nebengebäude des Klosters und Räume für die immer zahlreicheren Pilgerstrom erweitert. 1811 zerstörte das napoleonischen Heer das Kloster, nach revolutionären Unruhen blieb von Montserrat nur ein Ruinenhaufen übrig, selbst die Mönche verließen den Ort. Sogar der Bürgerkrieg (1936-1939) konnte dank des Eingriffs der autonomen Regierung von Barcelona das schnelle Wiederaufleben des Heiligtums, das in der Mitte des 19. Jahrhunderts eingesetzt hatte, nicht aufhalten. Das heutige Kloster steht auf einer Terrasse, 700 m ü.d.M. An der Basilika wurde von 1559 bis 1592 gebaut; sie ist über 60 Meter lang und 30 Meter breit. Die Fassade entstand in den 60er Jahren. Das einschiffige Innere mit gotischen Bögen und Seitenkapellen endet in einer reich dekorierten Apsis aus der 2. Hälfte des 19. Jahrhunderts, von der man über eine Marmortreppe die Kapelle erreicht, in der die Holzstatue der *Madonna von Montserrat* (seit 1881 Schatzpatronin von Katalonien) aufbewahrt wird. Neben der großen *Bibliothek* (über 200.000 Bände) verdient das **Museum** besondere Aufmerksamkeit. Es zeigt Werke der europäischen Malerei und archäologische Funde verschiedenster Herkunft.

ZU TISCH

IN KATALONIEN

Zu Tisch in Katalonien

DAS LAND DER WÜRZE

In Katalonien bereitet man die *allioli* wie in der Provence und im Languedoc zu, kocht Spaghetti wie in Neapel und Cannelloni wie in Bologna. Dabei handelt es sich nicht um Anleihen oder gar Almosen, auf die man aus Mangel an eigenen Resourcen zurückgreift. Im Gegenteil, diese und andere Rezepte zeigen die Kreativität einer sich ständig verändernden Gastronomie, die immer wieder fähig ist, ein neues Reis auf ihren Stamm zu pfropfen und neue Blüten zu treiben; eine Küche, die sich die aus Valencia stammende *paella* aneignet und die *paella parellada* oder die unwiderstehliche *fideua* erfindet, eine *paella* mit Nudeln anstatt mit Reis. Wie wir auf unserer kulinarischen Reise feststellen werden, sind in der katalanischen Gastronomie aufwendige Menüs ebenso vertreten wie einfache Gerichte, raffinierte Kreationen neben alten Hausrezepten, wobei oftmals zwei wesentliche Komponenten der katalanischen Landschaft, das Meer und die Berge miteinander verknüpft sind.

Eine Tafel, die zugleich erlesen und volkstümlich, elegant und bescheiden ist; man genießt mit demselben Vergnügen Gerichte, die Süßes und Salziges miteinander zu verbinden wissen - sogar unter der Verwendung von Schokolade wie beim *estofat de bou* -, als auch ganz schlichte Dinge wie *pan amb tomaquet*, bei dem hausbackenes Brot mit Knoblauch und Tomate abgerieben wird. Die katalanische Kochkunst hat im Lauf der Zeit eine erstklassige Struktur erfunden, die aus vier Grundelemente besteht: *picada, romesco, samfaina* und *sofrito*, das sind nicht einfach Saucen im Sinne von Beilagen, sondern entsprechend der Tradition der internationalen Küche essentielle Komponenten, die Basis der gastronomischen Kultur. Die katalanische

Tendenz zur Synthese zeigt sich auch an Gerichten, die nach den internationalen Menüvorschriften schwer einzuordnen sind (Vorspeise, Erster Gang und Hauptgericht oder *entrée* und *plat* usw.) und entweder zu allen oder keiner dieser Kategorien zu passen scheinen. Das beginnt bereits mit den zahlreichen Reisrezepten (*arros a banda, arros a la català, arros con habas* usw.), wahre Eintopfgerichte wie die Nudelrezepte (*fideos a la catalana, fideos con mariscos* und die bereits erwähnte *fideua*), ganz zu schweigen von den Gemüseeintöpfen (*berenjenas, coles* und *espinaces a la catalana*), darunter die berühmten *habas a la catalana* mit Speck, *butifarra* und vielen aromatischen Kräutern. Auch Salate finden

vielseitige Anwendung, als Beilage, leichtes Haupgericht oder, fein angerichtet, sogar als Vorspeise. Unter den Süßspeisen empfiehlt sich an erster Stelle die berühmte *crema catalana*, dann der delikate *menjar blanc*, der schlichte und natürliche *mel i mató*, der *postre de músic* und andere Köstlichkeiten.
In der katalanischen Küche findet man keine Konflikte zwischen Alt und Neu. In den Lokalen Barcelonas, wo es bis zu Beginn des 20. Jahrhunderts einige der renommiertesten Restaurants Europas gab, kann man sowohl die katalanische Küche als auch die der anderen iberischen Regionen finden und außerdem die Gastronomie des Mittelmeeres, jeder europäischen Nation und praktisch der ganzen Welt.

In Barcelona findet man verschiedene Arten von Lokalen. Die ***Tasca*** entspricht einer Taverne; in der ***Bodega*** trinkt man Bier vom Fass oder den Wein des Hauses; die ***Cafeteria*** ist ein Cafè oder eine Espressobar; in der ***Cocteleria*** nimmt man den Aperitif. Schließlich gibt es noch das **Ritual der Tapas**, jeden Abend zwischen sieben und neun Uhr quillt die Bartheke über von Tellerchen mit verschiedenartigsten Speisen in vielerlei Farben, Geschmack und Zutaten, ein wahres Vergnügen für die Augen und den Gaumen!

TAPAS UND VORSPEISEN

In den berühmten Tapa Bars *von Barcelona verzehrt man zarte Salate, unwiderstehliche Garnelen, knusprige kleine Pizzen und die berühmten patatas bravas,die man alle nacheinander probieren sollte, um beim Plaudern den Appetit anzuregen.*

AMANIDA
Katalanischer Salat

Zarter Endiviensalat, junge Zwiebeln, knackiger Sellerie, Anchovis, gekochte Eier und vor allem *butifarra*, die typische katalanische Wurst. Dieser Salat kann auch ein Hauptgericht sein, dazu reiche man eine andere Spezialität, *allioli*, Majonäse mit Knoblauch.

GAMBAS EN SALSA ROMESCO
Garnelen in pikanter Sauce

Milde getrocknete Paprikaschoten, Mandeln, Haselnüsse, Knoblauch, *pimentón fuerte* (scharfes Paprikapulver) und Brotkrume, all das fein zerstoßen und mit Olivenöl und Essig vermischen: kurz, es entsteht die *salsa romesco*, ideal für Krustentiere, Mollusken, helles und dunkles Fleisch, Gemüse...

PATATAS BRAVAS
Kartoffeln in scharfer Sauce

Die Kartoffeln in Würfel zerschneiden und in Olivenöl sautieren, dann kommen sie in die Pfanne mit einer Sauce aus feingehackter Zwiebel, die in Öl mit Knoblauch, getrockneter roter Paprikaschote und reifen Tomatenstückchen angedünstet und mit trockenem Weißwein abgeschmeckt wurde. Schließlich fehlen nur ein Tropfen Zitrone und Zahnstocher zum Aufspießen.

CIGALAS AL AJO
Scampi in Knoblauchöl

Ein einfaches und köstliches Gericht: Scampi, frische Chilischoten und reichlich Knoblauch mit Olivenöl, Salz und Pfeffer in der Pfanne sautieren.

REIS, NUDELN UND SUPPEN

Nudeln und Reis mit Fisch und Meeresfrüchten oder mit Fleisch, Gemüse und Wurst, köstliche "Cannelloni", schmackhafte Suppen, ein Rezept ist unwiderstehlicher als das andere. Im Grunde handelt es sich bereits um Eintopfgerichte, die man höchstens noch mit einem Salat ergänzen könnte.

ARROS AMB CROSTA
Reisauflauf

Ein vollständiges Mahl aus in Safranbrühe gekochtem Reis mit *butifarra*, der berühmten katalanischen Wurst, hellem und dunklem Fleisch - darunter Schweinefleisch - Tomaten und Kichererbsen. Das ganze wird mit einem verquirlten Ei überzogen und im Backofen gratiniert.

FIDEUA
Nudel-Paella mit Fisch

Eine besondere Art der Paella, bei der der Reis durch *fideos* (dünne Spaghetti) ersetzt und in der Brühe in der typischen, spanischen Paellapfanne gekocht wird, zusammen mit Zwiebel, Knoblauch, Tomaten, *pimentón fuerte* (scharfes Paprikapulver), Safran und Petersilie. Last but not least: Froschfisch und Scampi.

CANELONES A LA CATALANA
"Cannelloni" auf katalanische Art

Köstliche "Cannelloni", die mit Fleisch und Huhn gefüllt sind. Béchamelsauce, Tomatenscheiben, Würfel aus rohem Schinken und geriebener *mahón*- oder *manchego*-Käse vervollständigen dieses Gericht, das im Backofen gratiniert wird.

SOPA DE MEJILLONES
Miesmuschelsuppe

Ein Grundgericht aus Knoblauch, Zwiebel, Petersilie, Tomaten, geröstetem Brot und Miesmuscheln, wichtiger Teil der jahrhundertealten spanischen Gastronomie. Das Aroma dieser Suppe steigern eine Prise Zimtpulver und ein Tropfen Aquavit oder Anislikör.

FLEISCH UND GEFLÜGEL

Languste und Huhn, Muscheln und Schweinefleisch, Schnecken und Kaninchen bilden einen würdigen Rahmen um die traditionsreiche escudella i carn d'olla, *die gleichzeitig Suppe, Hauptgericht und Beilage ist. Triumph der katalanischen Küche sind außerdem der* pavo a la catalana *und die unvermeidliche* paella, *von der es hier eine ausgezeichnete Variante gibt.*

ASADO DE CERDO A LA CATALANA
Schweinebraten

Aromatische Kräuter - Lorbeer, Oregano, Petersilie und Thymian sowie Gewürze wie Nelken und Zimt zusammen mit Zwiebel, Knoblauch und Sellerie geben dem Schweinefleisch seine Würze, das im Backofen mit einem guten Glas Rotwein gegart wird.

PAELLA PARELLADA
Paella auf katalanische Art

Das typisch spanische Gericht, das in Valencia entstanden und in der ganzen Welt bekannt ist, besteht aus Reis, Schwein, Huhn, Meeresfrüchten, Gemüse, Knoblauch, scharfem Paprika und Safran; in Katalonien bereichert man es um andere Zutaten wie Pilze und/oder Wurst, eine wahre Gaumenfreude.

PAVO A LA CATALANA
Gefüllte Pute

Ein kräftiges und ausgefeiltes Gericht, das man an Weihnachten zu essen pflegt. Zur Füllung gehören Wurst und Schweinehack, die in Schmalz mit Zwiebeln, Sellerie, Apfel, Marronen, Aprikosen, Pflaumen, Rosinen, Pinienkernen, Paniermehl und einer Prise Zimtpulver geröstet werden. Die mit Speckscheiben bedeckte Pute wird im Backofen gebraten und wiederholt mit gutem katalanischen Wein übergossen.

MAR I TERRA
Huhn mit Languste und Schokolade

Ein berühmtes Rezept, in dem sich die ganze katalanische Kochkunst zusammenfassen lässt, das Huhn wird in Stücken erst gebraten, dann mit Schmalz, Zwiebel, Porree, Tomate, Zimt und Wein gegart, die Languste mit Olivenöl sautiert und mit einer Paste aus Mandeln, Haselnüssen, Knoblauch, Hühnerleber und Schokolade mit dem Huhn verbunden...

PORC AMB MUSCLOS
Schweinefleisch mit Muscheln

Zwiebel und Knoblauch werden in der Pfanne mit Tomaten, *pimentón dulce* (edelsüßem Paprikapulver), Lorbeer, Zitronenschale und getrockneter roter Paprikaschote angedünstet, darin schmort man dann das Fleisch, dann kommen die gekochten Muscheln und deren Kochwasser hinzu.

ESCUDELLA I CARN D'OLLA
Suppenfleisch-Allerlei mit Brühe und Reiseinlage

Dies ist die katalanische Version des *cocido iberico*. Dazu gehören Kalbfleisch, Huhn, Bauchspeck, Öhrchen, Schnauze und Haxe vom Schwein; in deren Brühe werden der Reis oder die Suppennudeln mit Safran gekocht. In der Mitte befindet sich die *pilota*, ein großer Fleischkloß aus Schweinefleisch, Speck, Ei, Knoblauch, Paniermehl und Petersilie. Beilagen: Kartoffeln, Kichererbsen, Karotten, Kohl, Sellerieknolle.

CONEJO AL ESTILO TARRACONENSE
Geschmortes Kaninchen mit Schokolade

Zwiebel, Tomate, Rotwein, Fenchelsamen, Muskatnuss und ein Sträußchen Küchenkräuter geben dem angebratenen Kaninchen Aroma, man schmort es dann zusammen mit Kartoffeln und einer Paste aus Kaninchenleber, Safran, Chilischote, Knoblauch, bitterer Schokolade und geröstetem Mehl.

POLLO EN SAMFAINA
Huhn mit Auberginen und Paprika

Die *samfaina* ist eine typische Tunke der katalanischen Küche aus Auberginen und Paprika, zuweilen auch mit Zucchini, die gut zu in Schmalz gebräuntem Hühnerfleisch passt, das man unter Hinzufügung von Zwiebel, Knoblauch und Tomaten schmort, mit Weißwein löscht und mit Lorbeer, Petersilie und Thymian würzt.

ESTOFAT DE BOU
Rindfleisch mit Schokolade

Das Rindfleisch wird mit Olivenöl angebraten, während man reichlich Knoblauch, Zwiebel, Karotte und Speck im Schmalz röstet und dann mit aromatischen Kräutern, Rotwein und einer Tomate zum Fleisch dazugibt. Die Kochsauce verfeinert man schließlich mit geriebener bitterer Schokolade. Bestens mit Röstkartoffeln.

FISCH, KRUSTENTIERE UND MOLLUSKEN

Frisch gefangene Fische, Mollusken und Langusten der Costa Brava kommen in einfachen und aufwendigen Rezepte Kataloniens erst richtig zur Geltung, man denke nur an den üppigen suquet. Aber auch mit den Weichtieren der Erde wird man hier in verschiedenen Schneckengerichten verwöhnt.

CAP ROIG CON SALSA DE AJO

Drachenkopf mit Knoblauchsauce

Der entschuppte und gewaschene Fisch wird mit Salz eingerieben und im Backofen mit Olivenöl, Fischbrühe und Weißwein gegart, man serviert ihn dann mit einer Gewürzsauce aus Knoblauch, Olivenöl und Petersilie.

DORADA A LA SAL

Goldbrasse im Salzmantel

Eine einfache, uralte Garmethode, mit der man Fisch und Fleisch knusprig und wohlschmeckend zubereiten kann. Man legt den Fisch auf eine Schicht grobes Salz, bedeckt ihn mit ebenso viel Salz und röstet ihn dann im Backofen. Köstlich mit Knoblauchmajonäse, der erwähnten *allioli*-Sauce.

JIBIAS CON SETAS

Tintenfisch mit Pilzen

Die Tintenfische werden mit Zwiebeln, Tomaten und Chilischote geschmort und mit Pilzen gar gekocht, dazu kommt eine Paste aus zerstoßenen Mandeln, Knoblauch und trockenem Weißwein.

PATACO

Thunfisch mit Mollusken und Gemüse

Frischen Thunfisch und Venusmuscheln kocht man in Olivenöl mit Zwiebel, Tomaten, Kartoffeln und Zucchino; mit reichlich Rotwein löschen. Diese Zutaten vermischt man zum Schluss mit einer typischen katalanischen Sauce, der *picada*, aus zerstoßenen Mandeln, Knoblauch, Petersilie, Safran und *pimentón dulce* (edelsüßes Paprikapulver).

CARACOLES EN LA LLAUNA
Gratinierte Schnecken

Die gekochten Schnecken werden im Backofen mit *sofrito*, einer kräftigen Sauce aus Zwiebel, Knoblauch, Lorbeer, Petersilie, Speck, Olivenöl, Tomaten, *butifarra blanca* und *butifarra negra* (typische katalanische Wurst) und etwas Zucker gratiniert.

SUQUET DE PESCADO CON ALLIOLI
Fischeintopf mit *allioli*

Froschfisch, Seeaal, Kabeljau und Riesengarnelen mit Zwiebel, Tomaten, Knoblauch und Weißwein dünsten und dann kunstvoll mit zwei köstlichen katalanischen Saucen, mit *picada*, auf Mandelbasis und mit *allioli*, der auch in der Provence verbreiteten Knoblauchmajonäse, abschmecken.

MEJILLONES RELLENOS
Farcierte Muscheln

Ein einfaches, sommerliches Gericht, das auch als Appetit anregendes Vorgericht denkbar ist. Mit dem zum Kochen der Miesmuscheln verwendeten Gemüse (Zwiebel, Koblauch, Paprikaschoten und Petersilie) die Muschelhälften füllen und mit etwas Weißwein löschen. Man trinke dazu einen guten katalanischen Weißwein.

LANGOSTA A LA COSTA BRAVA
Languste mit Schokoladen-*picada*

Die *picada* ist ein würziger Fond, der in der katalanischen Küche, auch als Sauce, viel verwendet wird; die Zusammensetzung variiert, aber Mandeln gehören immer dazu. In diesem Fall verwendet man eine *picada* mit bitterer Schokolade, die man hinzufügrt, noch ehe die Languste gar ist.

RAPE EN SALSA DE ALMENDRAS
Froschfisch mit Mandelsauce

Der erlesene Froschfisch, in Olivenöl sautiert, wird in einer schmackhaften Sauce aus Mandeln, Brotwürfeln, Knoblauch, Petersilie, Safran und Weißwein, die man fein püriert hat, im Backofen gratiniert.

EIER UND GEMÜSE

In der katalanischen Küche sind auch die Gemüsegerichte Mischungen aus mehreren Zutaten - mit Hilfe von allioli, samfaina *und* sofrito *- und ähneln dabei mehr einem Eintopf als einer Beilage, wie beispielsweise die berühmte* escalivada.

BERENJENAS A LA CATALANA

Auberginen mit Nüssen

Wallnusskerne, in Olivenöl sautiert, werden im Mörser zerstoßen und mit Gemüsebrühe verlängert. Diese Brühe vermischt man mit den vorher mit Olivenöl, Knoblauch, Zwiebel und Tomaten gedünsteten Auberginen. Das fertige Gericht mit zerhackter Petersilie garnieren.

COLES A LA CATALANA

Kohlgemüse in pikanter Sauce

Der abgebrühte Weißkohl wird in Streifen geschnitten und mit der *romesco*-Sauce gekocht. Letztere besteht aus getrockneter milder Paprikaschote, Mandeln, Haselnüssen, Knoblauch, *pimentón fuerte* (scharfes Paprikapulver) und Brotkrume, die zerstoßen und mit Olivenöl und Essig vermengt werden. Passt gut zu Schweinefleisch.

FAVES AL TOMBET

Bohnen mit Salat

Saubohnen, aber genauso gut auch andere Bohnen, in Olivenöl mit Kopfsalatstreifen schmoren und mit einer Paste aus in Olivenöl gebräunter Brotkrume, die zusammen mit Essig und scharfem Paprikapulver zerstoßen wurde, anbinden. Man gart das Gemisch dann mit Gemüsebrühe zu Ende.

PANADONS AMB ESPINACS

Teigtaschen mit Spinat

Man hackt den in der Pfanne mit Knoblauch, Pinienkernen und Rosinen sautierten Spinat sehr fein und legt ihn auf dünne Teigscheiben aus Mehl, Wasser, Olivenöl und Salz. Dann faltet man den Teig zu einem Halbmond über die Füllung, bepinselt die Teigtaschen mit verquirltem Ei und gart sie im Backofen.

ESCALIVADA

Gemüsesalat im Backofen gegrillt

Die schmackhafteste Art für den reinen Gemüsegenuss: Zwiebeln, Auberginen, Tomaten und Paprikaschoten werden nach Sorten getrennt in Aluminiumfolie gehüllt und im Backofen gegrillt. Dann schneidet man sie in Streifen und schmeckt sie wie einen Salat ab.

PATATAS A LA CERDEÑA

Kartoffeln mit Speck

Wohlschmeckende Kartoffeln trotz deren einfacher Zubereitung: Die gekochten Kartoffeln werden mit dem Mixer püriert, dann fügt man in Olivenöl und Knoblauch ausgelassenem Speck hinzu und würzt mit Salz und Pfeffer.

TORTILLA DE TOMATES Y PIMIENTOS

Eierkuchen mit Gemüse

Tomaten, Paprikaschoten und, je nach Geschmack, auch eine Aubergine in Streifen schneiden und in der Pfanne mit Olivenöl dünsten, das Gemüse mit leicht gesalzenen verquirlten Eiern vermischen und die *tortilla* mit etwas Olivenöl von beiden Seiten in der Pfanne stocken lassen.

HABAS A LA CATALANA

Weiße Bohnen mit Wurst

Ein kräftiges Gericht mit Gemüsefond: man röstet Speck im Schmalz zusammen mit Zwiebel und Knoblauch, fügt Saubohnen oder weiße Bohnen hinzu und die typische katalanische Wurst, *butifarra blanca* und *negra*. Mit Anissamen, Zimt und aromatischen Kräutern abschmecken, Weißwein und Wasser hinzufügen und fertig garen.

TORTILLA DE PATATAS

Kartoffel-Eierkuchen

Dieses spanische Nationalgericht ist insbesondere in Katalonien sehr beliebt, von einfacher Zubereitung und einzigartigem Geschmack. Man röstet Kartoffelscheiben und fein gehackte Zwiebeln in der Pfanne, verquirlt Eier und etwas Salz, gibt die Kartoffeln und die Zwiebeln in das Ei und backt das Gemisch von beiden Seiten in der Pfanne.

NACHTISCH UND GEBÄCK

Und zum Abschluss feine und delikate Süßspeisen, bei denen ein Echo aus fernen Zeiten nachklingt, wie beim menjar blanc *oder altes Familienbrauchtum wachgerufen wird wie bei der berühmten* crema catalana.

MENJAR BLANC
Mandelpudding

Eine traditionelle katalanische Süßspeise von zartem Geschmack aus Mandelmilch, mit Zimt, Zitronenschale und Zucker aromatisiert. Die Zutaten werden mit Maismehl eingedickt.

CREMA CATALANA
Katalanische Creme

Dieser Nachtisch erinnert an die portugiesische *tigelada*, die ebenso berühmt ist wie die *crema catalana*, welche aus Eiern, Milch, Zucker, Zimt und Zitronenschale besteht, doch mit einem feinen Unterschied: man serviert sie sehr kalt und streut Rohrzucker darüber, der ganz schnell im Backofen karamellisiert wird.

ENSAIMADAS
Hefestangen

Eine Spezialität der nahen Balearen, die sich inzwischen auch auf dem Festland verbreitet hat. Diese einfachen und natürlichen süßen Stangen schmecken frisch wie zu Hause gebacken und werden zum Frühstück oder als Imbiss verzehrt.

GRANIZADO
Zitronengramolate

Bei solchem Reichtum an Zitrusfrüchten konnte in Katalonien nicht ein frisches, durstlöschendes Getränk aus saftigen Zitronen fehlen, ein unfehlbares Hilfsmittel gegen die Sommerhitze.

DER CAVA UND DIE ANDEREN WEINE KATALONIENS

Zusammen mit dem Dessert am Ende eines Essens oder um bei einem Fest oder Geburtstag anzustoßen, gibt es nichts besseres, als ein Glas *cava*, der Sekt, der in dieser Region produziert wird. Er hat Liebhaber in aller Welt gefunden, ist von bester Qualität und kann, auch wegen seines günstigen Preises, mit den französischen Champagner konkurrieren. Der *cava* - was wortwörtlich "Keller" bedeutet - wird aus den örtlichen Traubensorten Macabeo, Xarel-lo und Parellada gewonnen und nach der *méthode champenoise* behandelt. Die hochwertigsten katalanische Sekte sind der *brut de brut* und der *brut nature*, gefolgt von den weniger trockenen *brut* und *sec*. Als Dessertweine eignen sich *dulce* und *semiseco*. Sehr

angenehm schmeckt auch die Sorte *cava rosa*, bei der Pinot noir hinzugefügt wird.

Der *cava* ist das Ergebnis einer soliden Weinbautradition, die in Sant Sadurní d'Anoia ihren Anfang nahm. Im Jahr 1872 brachte Josep Raventós, der Besitzer des Codorníu, den neuen Sekt auf den Markt. Sehr schnell setzte er sich wegen seiner guten Qualität durch und gewann 1888 eine Goldmedaille. Das Ansehen dieser Marke hat sich bis heute erhalten. Die traditionsreiche Familie Raventós erfand auch in Costers sel Segre den Raïmat, einen der besten *cava*, mit einem Zusatz von Chardonnay-Trauben.

Auch der Freixenet mit der typischen schwarzen Flasche läßt an Qualität und Bekanntheitsgrad keine Wünsche offen, ihn produziert die Familie Sala in Sant Sadurní d'Anoia. Andere erwähnenswerte *cava* sind der Gramona, der ebenfalls aus Sant Sadurní d'Anoia kommt, der Mascarò aus Vilafranca del Penedés und der Raventós Rosell aus Masquefa. Es empfiehlt sich, die dem Publikum zugänglichen historischen Sektkeller zu besuchen.

Außer dem *cava* produziert Katalonien ausgezeichnete Weine in Anbaugebieten wie d'Ampurdan, Alella, Penedès, Priorat und Costers del Segre. Dort, wo schon immer Wein getrunken wurde, ist der Umgang mit Bacchus' Nektar so vertraut, dass man ihn sogar aus dem *porrón* trinkt, eine Glaskanne mit langem Ausgießer, mit der sich der geschickte Trinker den lustigen Weinstrahl direkt in den Hals gießt.

Zu den bekanntesten Weinen zählen seit uralten Zeiten die von Priorat, einem Gebiet hinter Tarragona, mit felsigem Boden und reich an Schiefer. Die von den Römern eingeführten Weinsorten wurden auch während des Mittelalters von den Mönchen der zahlreichen Klöster auf natürlichen und künstlichen Terrassen gehegt. Dort entsteht ein kräftiger Wein von 14 bis 20 Grad Alkohol, mit einem "mineralischen" Beigeschmack.

Neben den Rotweinen, die zu den besten der Welt zählen, gibt es auch hellgelbe, fruchtig schmeckende Weißweine mit dem Nachgeschmack von Bergkräutern, außerdem Roséweine und Dessertweine. Etwas weiter im Norden findet man die Weine von Penedès, zwischen Barcelona und Tarragona, aus Reben gewonnen, die bereits von den zu den mächtigen Abhängen des Montserrat aufsteigenden Meereslüfte umstrichen werden. Auch hier keltert man dank der Mühen der Römer und der Benediktiner- und Zistersiensermönche seit undenklichen Zeiten aus den Trauben Wein. Zu beachten sind die frischen und jungen Weißweine, neben denen aber auch gehaltvolle Rotweine entstehen, die oft in *barrique*-Fässern ausgereift werden, passend zur hochstehenden Qualitat der katalanischen Küche.